法律文献
引证注释规范 〔建议稿〕 第二版

主 编： 罗 伟

编委会成员： （按姓氏笔画排列）

于丽英　卢宝峰　叶元生　乔　燕　朱苏力
张守文　张志铭　张芝梅　张晓秦　杜佐东
杨立范　杨　昂　汪　劲　邹记东　贺卫方
赵晓海　凌　斌　蒋安杰　蒋　浩

撰稿人： 罗 伟

Proposed
Legal Citation
System 2nd Edition

北京大学出版社
PEKING UNIVERSITY PRESS

图书在版编目(CIP)数据

法律文献引证注释规范.建议稿/罗伟主编.—2版.—北京:北京大学出版社,2013.8
ISBN 978-7-301-21659-0

Ⅰ.①法… Ⅱ.①罗… Ⅲ.①法律-文献-注释-规范-中国 Ⅳ.①D920.4

中国版本图书馆 CIP 数据核字(2012)第 282203 号

书　　　名:	法律文献引证注释规范(建议稿)第二版
著作责任者:	罗　伟　主编
责 任 编 辑:	苏燕英
标 准 书 号:	ISBN 978-7-301-21659-0/D·3218
出 版 发 行:	北京大学出版社
地　　　址:	北京市海淀区成府路 205 号　100871
网　　　址:	http://www.yandayuanzhao.com
新 浪 微 博:	@北大出版社燕大元照法律图书
电 子 信 箱:	yandayuanzhao@163.com
电　　　话:	邮购部 62752015　发行部 62750672　编辑部 62117788
	出版部 62754962
印 刷 者:	北京大学印刷厂
经 销 者:	新华书店
	890 毫米×1240 毫米　32 开本　6.625 印张　192 千字
	2007 年 10 月第 1 版
	2013 年 8 月第 2 版　2013 年 8 月第 1 次印刷
定　　　价:	25.00 元

未经许可,不得以任何方式复制或抄袭本书之部分或全部内容。
版权所有,侵权必究
举报电话:010-62752024　电子信箱:fd@pup.pku.edu.cn

第二版说明

《法律文献引证注释规范(建议稿)》第一版2007年出版后,笔者收到法律界一些专家和学者对《建议稿》的修改建议。特别要感谢中国政法大学杨玉圣教授在他的《引注规范是学术规范的基石——评〈法律文献引证注释规范(建议稿)〉》(载 http://www.law-star.com/cacnew/201008/405062376.htm)一文中提出的一些有关数字运用、英文人名和地名中文翻译标准的中肯建议。笔者在再版里采纳了杨玉圣教授的一些建议。

因为《建议稿》的第一版的编写和出版在时间上比较仓促,有些建议的引证规则不是很统一,所以笔者和北京大学出版社的苏燕英编辑对规则和示例进行了全面校对和统一。我们还对附录四《法律缩略词语表》中的所有词汇和缩略词进行核对和修订,使得这些缩略词更准确。为此,笔者要特别感谢苏燕英编辑的敬业精神和专业知识。

目前大量法律文献已被《北大法宝》(http://www.pkulaw.cn/)收录,越来越多的法律工作者使用《北大法宝》来检索和引证法律文献。为了帮助《北大法宝》的使用者更方便地引证和检索法律文献,《北大法宝》自主研发出一套专业化程度高、实用性强的引证编码体系(参见 http://pkulaw.cn/fbm/)。因为使用"北大法宝引证码"引证《北大法宝》上的文献,可省略引证冗长的网址(URL),还可以避免网址日后可能改变所带来的引证困扰,所以第二版的《建议稿》不仅在引证规则上结合了"北大法宝引证码"的一些规则,还将"北大法宝引证码"收录为本书的"附录一",以方便读者使用。

鉴于越来越多的国内法律工作者撰写法律文书和论文时引用美国法律文献,第二版的《建议稿》在"规则五(Rule 5 or R5)外文文献的引注"中分别对美国联邦和州的法律、行政法规、判例的编纂方式和出版形式作了比较详细的介绍,以便正确引证。

最后,笔者再次感谢国内诸多同仁对《建议稿》的关心和支持。特别感谢北京大学出版社的蒋浩先生对本书的出版和发行所付出的推动工作。

美国华盛顿大学法学院图书馆馆员　罗伟

2013 年 5 月于 St. Louis

序

当代中国,作为学术制度问题,最先关注法律文献引证问题的可能是高鸿钧先生和贺卫方先生。1988年前后,当时他们二位在中国政法大学任教并编辑《比较法研究》,首先提出并且在办刊过程中身体力行坚持了这一实践。由于他们的要求和实践,也影响了整整一批当时属于年轻的,如今已人到中年的学者;他们更多借鉴了美国法律评论的风格。而在编辑部之外,梁治平先生在他最早的一些论文中也开始了类似的追求,主要借鉴的是当时在中国大陆引证传统相对健全的文史哲学科的经验以及海外的汉学著作。此外,还有以梁慧星先生为代表的"文革"后最早的一批民法以及刑法学者,也逐步通过实践形成了一系列法律学术的引证规范。之后,大约15年前,邓正来先生组织了有关学术规范化的讨论,尽管关注的是广泛的学术研究领域,却同样影响了法学。贺卫方先生以及其他学者在多次会议上也曾一再倡导,并提出过比较简单的引证规范。所有这些努力促使诸多中国法学刊物和书籍到了20世纪90年代中后期都风格一变,普遍注意了文献引证的规范。至此,应当说,这个传统在法学界已经基本确立,只是没有人将这些基于实践形成的规则予以系统整理和编写。如今,美国华盛顿大学法学院的罗伟先生基于他多年对法学文献的经验,提出了这个建议稿,可以说是水到渠成,符合一个听起来有些夸张但名副其实的说法——"集大成者"。

文献引证的规范化、标准化是中国法学研究日益广泛深入的产物。30年前，中国法学研究的文章大多没有引证；若有也只是马列和毛主席的指示，偶尔也有周恩来或董必武或邓小平等中国共产党领袖的言词。文献引证因此是附着于权威的，是引证者自觉赋予被引证者的一种特权。因此，毫不奇怪，尽管最早附着于政治权威，但这一引证的基本规范很快被延伸到学术权威身上。先是延伸到一些为领袖所评价或提及的学者，例如孔孟、老庄、商鞅、韩非以及亚里士多德、霍布斯、卢梭等；之后解放思想，又逐步延伸到其他较少或者没有进入领袖队伍中的著名学者。但随着中国立法的增多，引证法条开始增多，这时，尽管还有权威的影子，但引证已经开始更多技术化了。随着20世纪90年代学术著作和译著出版的增加，文献引证也发生了一个根本性的变化，引证与权威的关系进一步淡化了，而与思想学术交流的必须联系更紧密了。如今，随着新闻报业的发展、互联网的发展以及社会科学类型实证研究的增加，都推动了法学文献引证的变化和发展。法学文献的引证日益凸显为学术研究论证所必需的各类资料来源。引证已经成为一个学术研究的重要组成部分，而不是一个权威来源，甚或学术装饰。法学文献引证的规范化因此成为必须。

我提到了学术装饰不是偶然的。因为目前的一部分法学研究成果中确实有把文献引证作为装饰的倾向，目的是炫耀或其他。这种倾向对法学研究的深入发展构成一个妨碍，而不是激励。我赞同贺卫方的观点，引证必须以必要为前提。否则，为了引证而引证，为了学术包装而引证，会成为中国法学学术发展的一个新的病灶。引证的全部目的以及判断标准都必须有利于推进法学研究的发展，而不能是其他。仅此而言，同样要求法学文献引证的规范化。

罗伟先生留学美国多年，先后在法学院和图书馆系学习研究，毕业后，又在法学院图书馆工作多年，积累了大量有关法学文献的经验。特别是他长期以来一直关心中国法学研究的发展，有志于编写这样一本书。3年前，他来到北大法学院和我谈及并讨论了这项工程，他还先后同贺卫方、赵晓海等老师以及当时就职于法律出版社的蒋浩先生细致交谈，大家达成了基本一致的看法。此后，他在美国申请了相关研究基金，开始了这项工作，并回国就此召开了专题研讨会，最终提出了这份建议稿。我们必须感谢他的努力。北大法学院的赵晓海老师也为此做了大量的组织协调工作。我们同样表示感谢。

感谢不是客套,而是因为中国的法学研究事业就是这些同仁和朋友通过这类细小的努力逐渐推进的;而中国法学和法治的发展是我们的共同事业。

苏 力
2007年10月于北大法学院科研楼

前 言

法律引注指的是在书写法律文书或法学著作时,对文中所引用的法律依据或者文献,注明其出处,以便帮助读者了解和印证法律渊源和其他法律工作者的观点。笔者已在美国法学院教授法律检索多年,对美国的法律文献引注统一标准及其运用有一定的了解,近年来也对中国及英、法、德、日、韩等国的法律文献引注标准作了一些调查研究。调查研究后,发现西方发达国家还有日本和韩国都有各自通行的法律文献引注标准,所以,笔者觉得中国的法律界也应该有一套比较完善和统一的法律文献引注标准。2004 年,在北京大学法学院法律信息中心赵晓海主任的协调下,笔者与北京大学法学院的朱苏力院长和贺卫方教授对法律文献引注规范的统一开始进行研究。

中国近年来已开始重视引注的统一化,1996 年教育部颁布《中国高等学校社会科学学报编排规范(修订版)》,1999 年新闻出版署也颁布了《中国学术期刊(光盘版)检索与评价数据规范》。这些规范引起了学术界的几次讨论,特别是 2002 年,在"学术批评网"(http://www.acriticism.com)上"关于学术刊物注释规范的专题讨论"。这两个规范虽然也对注释体例提出了一些规范,但是,因其本身的一些缺陷,而且因其不是针对法律界的引注规范,所以除了各高校文科学报之外,还有其他许多法学学术期刊、书籍没有采用《编排规范》的注释体例,比如中国法学会主办的《中国法学》、社会科学院法学所主办的

《法学研究》、各综合性大学的法学院所办的杂志(如北大的《中外法学》),还有许多以书代刊形式出版的《论丛》《法律评论》等。① 确实,在引注格式方面,中国目前的法律出版机构和法学杂志社都是各自为政。有些法学杂志社,如《中外法学》《法学研究》和《法学家》的封底还登有各自的引注格式标准以方便投稿人遵守,这些引注格式都不统一。所以,中国目前尚无统一的法律引注标准。可喜的是,中国法学界已有人开始注意到引注格式统一化的必要性,如 2004 年 1 月 18 日,张书友(中国政法大学研究生院)在"学术批评网"上发表了"中国法学期刊统一文稿规范(建议稿)"。② 该建议稿的主要部分是关于法律文献的引注规范,也是目前中国一个比较全面的法学文稿的规范。

中国台湾地区法律界对法律文献引注格式的统一也是重视不够,有关法律引注格式的文献,比较有影响力的是一本由台湾政治大学法律研究所编印、名为《法律资料之搜集与论文之批注》的手册。该手册于 1994 年重新整理出版修订版。该手册修订版不仅论述了搜集和阅读相关资料的重要性以及如何搜集资料,而且对引注格式亦有所归纳与建议。除此之外,政治大学《法学评论》社也有一个比较简单的引注标准,即《政大法学评论论文注解范式》供作者采用。③ 这两个手册虽然对书籍、期刊、报纸等其他资料的引注格式作了一些规范,但是所提示的引注方法相对简单,也没有涉及电子出版物和互联网上的资料的引注。而且这两个手册未在台湾地区法律界广泛征求意见,且制定后,也没有得到推广,所以它们还是处在一种单向呼吁和仅供参考

---

① 姜朋:《注释体例大一统、学术规范及学术水准的提高——对〈中国高等学校社会科学学报编排规范(修订版)〉有关注释体例规定的思考》,载"学术批评网"(http://www.acriticism.com)上"关于学术刊物注释规范的专题讨论"(访问时间:2002 年 11 月 15 日)。

② http://www.acriticism.com/article.asp? Newsid = 4541&type = 1000(accessed November 17,2004)。

③ 该论文注解范式可在以下《政大法学评论》的网页上找到:http://justice.nccu.edu.tw/verC/searching/rule/Review_rule002.pdf。

的静态。①

近年来,台湾地区法律界也开始关注法律文献引注格式的统一。台湾地区法律界举办了多次有关统一法律文献引注规范的座谈会、研讨会和问卷调查。2004年5月15日,在台湾地区"国科委"的指导下,由辅仁大学法律学系和元照出版公司的月旦法学杂志在台湾大学法律学院召开了一次"法学论文引注方式统一之研究"的研讨会。不久,"国科委"作出了《华文法学引注格式统一》的研究报告。② 该报告用了大约8页纸的篇幅列出了基本法律文献的引注格式,供台湾地区法律界参考与采用。

2004年6月22日,我们在北京大学法学院召开了第一次"中国法律文献引用注释标准座谈会"。会议由北京大学法律信息中心主任赵晓海和笔者主持,邀请了北京大学法学院院长朱苏力、北京大学法学院教授贺卫方、人民法院出版社副社长杨亚平、人民法院出版社编辑部主任张益明、北京大学法学院图书馆馆长叶元生、清华大学法学院图书馆馆长于丽英、最高人民法院《法律适用》编辑部副主编乔燕、北京大学法学院博士研究生凌斌、北大法律信息网编辑部主任卢宝锋等人士参加座谈。与会人员对中国法律文献引用注释标准进行了充分的交流和探讨。首先由笔者介绍美国和日本主要的法律引注标准以及国内的研究成果,并对中国法律文献引用注释标准的拟订提出了全面的建设性意见。随后,贺卫方教授进一步强调了确立规范的学术引用注释标准的意义,介绍了在《中外法学》已使用5年的学术引用注释体例,同时对国内法律文献引用注释规范进行了深入分析和评价。其后,杨亚平副社长、张益明主任、乔燕副主编介绍了

---

① 参见《他山之石:法律学门"统一引注格式"》(http://www.law-walker.net/old/detail.asp? id =1508)(accessed November 17, 2004)。该文章于2002年登在网站"老行者之家",文章没有署名。从文章的内容和写作风格可看出作者是台湾地区的法律学者。该文首先论述了法律引注的重要性,然后简单地介绍了美、德、日、中国台湾地区法律引注统一化的情况,最后对法律引注的格式和统一化提出了一些建议。

② 参见《华文法学引注格式统一》,载中国台湾地区"国科委"研究报告(具体出版时间不详,大约在2004至2005年之间)。该报告的精简版可在以下网页上找到:http://fju.lawbank.com.tw/note.doc。

法律出版行业法律文献引用注释的具体情况。在主题发言结束后，朱苏力院长、叶元生馆长、于丽英馆长、凌斌博士、卢宝锋主任分别从不同角度提出了建立法律文献引用注释标准的建议和主张。经过为期1天的探讨，与会人员一致认为，确立规范和统一的法律文献引用注释标准意义重大，对于推动中国法律学术发展、提高中国法律学术职业化水平有着巨大的作用。因此与会人员提议，由笔者起草一份法律文献引注规范的建议稿，待将来讨论和修改后，向法律界推荐。

会后，笔者本着一个引注体系要能够广泛被接受就必须既方便作者引注，又能让读者一目了然引文的出处以便检索和印证之原则，开始起草《法律文献引证注释标准（建议稿）》。在起草中文文献引注部分时，笔者尽量采用国内比较通行的文献引注格式，同时对中文法律文献根据出版形式进行比较详细的分类，并一一加以各自的引注格式。

2005年5月16日，我们在北京大学法学院召开了第二次"中国法律文献引用注释标准论证会"。与会者有，北京大学法学院：院长朱苏力、贺卫方教授、张守文教授、汪劲教授、法制信息中心主任赵晓海、北大法律信息网编辑部主任卢宝锋；人大法学院：张芝梅博士、杨昂教授；法制出版社：杜佐东总编辑；法律出版社：前社长助理蒋浩（现供职于北京大学出版社）；人民法院出版社副总编辑张晓秦；法制日报社蒋安杰记者；北京大学出版社法律图书事业部邹记东副主任；北京大学出版社副总编杨立范因故不能参加但提出了宝贵的书面意见。论证会由北京大学法律信息中心主任赵晓海主持。会议由北京大学法学院院长朱苏力教授致辞并论述了我国法律文献引证注释的现状，随后笔者介绍了《法律文献引证注释规范（建议稿）》，北京大学法学院贺卫方教授进行总体评议。笔者的建议稿和贺卫方教授的评议引起了各与会法律界专业人士强烈的学术共鸣，之后各与会者对笔者的建议稿进行评议，以及如何在法律界推荐联合采用进行了热烈的讨论和提出了许多宝贵意见，最后在引证注释规范上达成了一定程度的共识。这次会议为将来制定一个更加全面、完整、权威的法律文献引证注释标准奠定了坚实的理论基础,同时也是对我们法律学术史研究的落实和推动,更为我们法律文献引证注释的实践工作的进一步规范化作出了贡献。

这次会议还决定成立"法律文献引证注释标准编委会"。编委会由与会者组成,将来的版税收入全部用于《建议稿》的修订,联络机构挂在《中外法学》名下,并请笔者根据与会者的建议继续修改《建议稿》,修改后,将《建议稿》正式出版,供法律界自由采用。

会后,笔者根据与会者的建议,对《建议稿》又进行了修改。为了便于国内法律界同仁了解美、英、日国家的法律文献引证注释标准实践情况,以及在向这些国家投稿时,能有一个初步的引注标准来参考,撰稿人又将这三个国家通行的法律文献引证注释标准编入本书。鉴于国内尚无一个统一的法律缩略语对照表,然而法律缩略词语在法律文献的引注中却是常常要用到的,因此,笔者在北京大学研究生师帅的协助下作出了一个《法律缩略词语表》,并列在附录里供读者参考。最后,为了帮助读者了解美、英、德、法、日和韩国的法律文献引证注释标准的发展情况,以推动法律文献引注标准在中国统一化,在本书的附录里附上了一篇笔者的"美、英、法、德、日、韩法律引注体系简介"的调查报告。

因为文献的出版形式总是在不断变化的,所以文献引注的格式标准也要随之修订。例如,自1924年以来,美国法律通行的法律文献引注标准《蓝皮书:统一注释体系》(The Bluebook:A Uniform Citation System)已被修订过18次,近年来大约每隔5年修订再版一次。而且引注的体系应被同行业广泛接受、采纳、遵守,方能达到最大的功效。所以,我们在北大法律信息网上设立网页征求法律界同行为本《建议稿》提修改意见(http://www.chinalawinfo.com/ad/20050613/gjyth.asp)。

笔者借此再次对上述提到的法学界同仁表示感谢!特别感谢赵晓海老师花了许多时间和精力组织和邀请这些专家参与该项目的研究和两次的研讨会,以及朱苏力教授和贺卫方教授的积极参与。近年来,蒋浩先生多次对笔者谈到文献引注的重要性,并鼓励笔者将《建议稿》及《法律缩略词语表》写成书出版。同时,笔者亦感谢北大出版社和杨剑虹、苏燕英女士编辑出版本书。最后,上述的两次研讨会得到了美中法律交流基金会(U.S.-China Legal Cooperation Fund)的资助,在此一并致谢。

美国华盛顿大学法学院图书馆馆员　罗伟
2007年9月于St. Louis

目 录

第一部分 法律文献引用注释规范

简介 ·· (3)
  1. 引注的定义 ·· (3)
  2. 引注的目的 ·· (3)
  3. 如何使用该规范 ·· (4)
  4. 被引词、句、段的号码及其注号位置 ···················· (4)
  5. 尽量采用页下注和连续序号 ································ (6)
  6. 常用引领词 ·· (6)

规范一（Rule 1 or R1） 基本引注要素和格式要求 ·········· (7)
  1. 引注应有的文献要素 ·· (7)
  2. 引注责任者的基本要求 ······································ (8)
  3. 引注中的数字 ·· (8)
  4. 引注中的年代 ·· (8)
  5. 引注中的书卷次、页码、条款、段落等 ················ (9)
  6. 被引文献标题的表示 ·· (10)
  7. 网络出版文献的引用 ·· (11)

8. 缩略词语 …………………………………………… (12)
9. 不强制采用"同前揭注(号码)"或
   "同后揭注(号码)" ………………………………… (12)
10. 台湾、香港、澳门地区出版或发表的文献 ………… (13)

规范二(Rule 2 or R2)　中国规范性文献的引注 ……… (14)
1. 中国成文法引注 …………………………………… (15)
   1.1　现行法律 ……………………………………… (15)
   1.2　已失效的法律 ………………………………… (15)
   1.3　长标题的法律法规引注 ……………………… (16)
   1.4　国务院颁布的行政法规 ……………………… (17)
   1.5　国务院规范性文件(通知、意见、
        决定、批复) ………………………………… (17)
   1.6　国务院各机构发布的规章 …………………… (18)
   1.7　国务院各机构发布的规范性文件
        (如公告、通知、意见等) …………………… (19)
   1.8　地方法规 ……………………………………… (20)
   1.9　最高人民法院发布的司法解释、
        规则、条例等 ……………………………… (20)
   1.10　最高人民检察院发布的司法解释、
         规则、条例等 ……………………………… (21)
   1.11　行政、立法、司法部门联合通知 …………… (22)
   1.12　引自法律法规汇编 …………………………… (23)
2. 案例、裁判文书、仲裁裁决书 ……………………… (23)
   2.1　基本引注要素和格式 ………………………… (23)
   2.2　引自案例或裁判文书汇编 …………………… (25)
3. 条约、公约、宣言、议定书、国际惯例等 ………… (25)

规范三(Rule 3 or R3)　非规范性(二次)文献的引注 ……… (27)
1. 著作及其他非连续性出版物 ……………………… (27)
   1.1　单一作者 ……………………………………… (27)

1.2　两个作者 …………………………………………（27）
　　1.3　两个以上作者 ……………………………………（27）
　　1.4　仅有编者没有撰稿人 ……………………………（28）
　　1.5　既有编者又有撰稿人 ……………………………（28）
　　1.6　译著 ………………………………………………（28）
　　1.7　单一作者论文集 …………………………………（29）
　　1.8　多个作者论文集 …………………………………（29）
　　1.9　系列丛书 …………………………………………（29）
　　1.10　法律词典、辞典、辞海 …………………………（30）
　　1.11　法律百科全书 …………………………………（30）
　2. 期刊或其他连续性出版物 ……………………………（30）
　　2.1　期刊 ………………………………………………（31）
　　2.2　报刊 ………………………………………………（31）
　3. 出版社出版的连续刊物 ………………………………（32）
　4. 活页出版物 ……………………………………………（32）
　5. 名人著作集 ……………………………………………（32）
　6. 典籍 ……………………………………………………（33）
　　6.1　现代重印的典籍 …………………………………（33）
　　6.2　标明章节段落的典籍 ……………………………（33）
　7. 未出版或未刊登文献的引注 …………………………（34）
　　7.1　学位论文 …………………………………………（34）
　　7.2　会议论文 …………………………………………（35）
　　7.3　学术报告 …………………………………………（35）

规范四（Rule 4 or R4）　互联网、电子化或其他非印刷品资源 ……………………………………………………（36）
　1. 登在万维网（World Wide Web）上的信息 …………（36）
　2. 基本引注要素和格式 …………………………………（37）
　3. 电子邮件 ………………………………………………（38）
　4. 音像制品 ………………………………………………（38）
　5. 光盘（CD-ROM）资料 ………………………………（38）

6. 微缩资料 …………………………………………………… (39)
7. 广播电视和电影 …………………………………………… (39)

规范五(Rule 5 or R5) 外文文献的引注 ……………………… (40)
  1. 法律 …………………………………………………………… (41)
    1.1 美国成文法律(Statutes) ……………………………… (41)
    1.2 英国法律 ………………………………………………… (44)
    1.3 日本法律 ………………………………………………… (44)
  2. 判例 …………………………………………………………… (44)
    2.1 美国 ……………………………………………………… (44)
    2.2 英国 ……………………………………………………… (46)
    2.3 日本 ……………………………………………………… (46)
  3. 著作 …………………………………………………………… (47)
    3.1 英文 ……………………………………………………… (47)
    3.2 日文 ……………………………………………………… (47)
  4. 杂志文章 ……………………………………………………… (48)
    4.1 英文 ……………………………………………………… (48)
    4.2 日文 ……………………………………………………… (48)
  5. 国际法律文献 ………………………………………………… (48)
    5.1 国际公约 ………………………………………………… (49)

第二部分 附 录

附录一 北大法宝引证码说明 …………………………………… (53)
  一、北大法宝引证码缘起 ………………………………………… (53)
  二、北大法宝引证码规范 ………………………………………… (54)
    (一)法律法规 ……………………………………………… (54)
    (二)司法案例 ……………………………………………… (55)
    (三)法学期刊、论文 ……………………………………… (55)
    (四)中国香港法律法规 …………………………………… (55)
    (五)中国澳门法律法规 …………………………………… (55)

（六）中国台湾法律法规 …………………………（55）
　　（七）中外条约 ……………………………………（55）
　　（八）外国法律法规 ………………………………（56）
　　（九）合同范本 ……………………………………（56）
　　（十）法律文书 ……………………………………（56）
　　（十一）案例报道 …………………………………（56）
　　（十二）仲裁裁决与案例 …………………………（56）
　　（十三）立法背景资料 ……………………………（56）
　　（十四）法律法规、案例、期刊论文英文译本 ……（58）
三、北大法宝引证码的使用 …………………………（58）
文件类型代码含义对照图 ……………………………（59）

附录二　国外主要法律引注标准简介与参考 ………（61）

1. 美国《蓝皮书》有关美国法律文献的引注规则 ……（62）
　　1.1　成文法（Statutes） …………………………（62）
　　　　1.1.1　宪法 …………………………………（62）
　　　　1.1.2　《美国法典》（United States Code） …（62）
　　　　1.1.3　单行法律 ……………………………（63）
　　　　1.1.4　美国州成文法 ………………………（63）
　　1.2　行政法规（Administrative Regulations） …（64）
　　　　1.2.1　《美国联邦行政法典》
　　　　　　　（Code of Federal Regulations） ……（64）
　　1.3　判例 …………………………………………（65）
　　　　1.3.1　美国最高法院和联邦巡回
　　　　　　　法院的判例 ……………………………（65）
　　　　1.3.2　州判例 ………………………………（65）
　　1.4　著作 …………………………………………（66）
　　1.5　杂志文章 ……………………………………（66）
2. 美国《蓝皮书》有关中国法律文献的引注规则 ……（66）
　　2.1　专门规则 ……………………………………（67）
　　　　2.1.1　引用的文献为中文 …………………（67）

2.1.2 中文文献罗马拼音标准 ……………… (68)
　　2.1.3 省略 …………………………………… (69)
　　2.1.4 案例名称的引注规则 ………………… (70)
　　2.1.5 缩略词语的运用 ……………………… (70)
2.2 中华人民共和国宪法 ……………………… (71)
2.3 法律法规 …………………………………… (71)
　　2.3.1 中文文献引注规则 …………………… (71)
　　2.3.2 引用文献为英文翻译 ………………… (72)
2.4 案例、审判文书、裁判文书 ………………… (74)
2.5 著作 ………………………………………… (75)
2.6 杂志文章 …………………………………… (76)
3. 美国《蓝皮书》有关国际法律文献的引注规则 …… (78)
3.1 国际条约或公约 …………………………… (78)
　　3.1.1 双边条约的基本引注要素
　　　　　和格式要求 ……………………………… (78)
　　3.1.2 多边条约或国际公约的基本
　　　　　引注要素和格式 ………………………… (79)
3.2 国际判例 …………………………………… (79)
　　3.2.1 国际法院(International Court of
　　　　　Justice and Permanent Court of
　　　　　International Justice) ………………… (80)
　　3.2.2 欧盟法庭(Court of Justice of
　　　　　the European Communities) ………… (80)
　　3.2.3 欧洲人权法庭(European
　　　　　Court of Human Rights) ……………… (80)
3.3 联合国文献 ………………………………… (80)
　　3.3.1 联合国大会决议的引注格式 ………… (80)
　　3.3.2 联合国官方档案(United Nations
　　　　　Official Record) ………………………… (81)
　　3.3.3 《联合国宪章》(U.N. Charter) ……… (81)

目录

- 4. 英国 …………………………………………………… (81)
  - 4.1 英国成文法 ………………………………………… (81)
  - 4.2 判例 ………………………………………………… (82)
  - 4.3 著作 ………………………………………………… (82)
  - 4.4 杂志文章 …………………………………………… (82)
- 5. 日本 …………………………………………………… (83)
  - 5.1 成文法 ……………………………………………… (83)
  - 5.2 判例 ………………………………………………… (83)
  - 5.3 著作 ………………………………………………… (84)
  - 5.4 杂志文章 …………………………………………… (84)

附录三 中国一次文献(主要规范性)出版物及其一览表 …… (85)
- 1. 全国性法律和行政法规 ……………………………… (85)
  - 1.1 回溯性法律法规汇编 …………………………… (86)
    - 1.1.1 《中华人民共和国法律法规全书》
      (1949—1993)[简称《法律法规全书》
      (1949—1993)] ……………………………… (86)
    - 1.1.2 《中央人民政府法令汇编》
      (1949.10—1954.9)[简称《法令汇编》
      (1949.10—1954.9)] ………………………… (86)
    - 1.1.3 《中华人民共和国法规汇编》
      (1954.9—1963.12)[简称《法规汇编》
      (1954.9—1963.12)] ………………………… (86)
    - 1.1.4 《中华人民共和国现行法规汇编》
      (1949—1985)[简称《现行法规汇编》
      (1949—1985)] ……………………………… (86)
    - 1.1.5 《中华人民共和国法律汇编》
      (1954—2004)[简称《法律汇编》
      (1954—2004)] ……………………………… (86)
  - 1.2 编年体的法律法规汇编 ………………………… (87)
    - 1.2.1 《中华人民共和国法律汇编》
      (简称《法律汇编》) ………………………… (87)

  1.2.2 《中华人民共和国法规汇编》
    （简称《法规汇编》）……………………（87）
  1.2.3 《中华人民共和国法律全书》
    （简称《法律全书》，虽非官方汇编，
    但收集全、出版及时）……………………（87）
 1.3 最新法律法规汇编 ……………………………（87）
 1.4 活页法律法规汇编 ……………………………（88）
  1.4.1 《中华人民共和国法律法规》
    （1949—）[简称《法律法规（活页）》] …（88）
 14.2 《Laws and Regulations of the People's
   Republic of China》(1949—) ……………（88）
2. 司法解释 …………………………………………（88）
 2.1 综合性司法解释汇编 …………………………（89）
  2.1.1 《最高人民法院司法解释》……………（89）
  2.1.2 《法律法规司法解释全书:最新版》……（89）
  2.1.3 《新编中华人民共和国司法
    解释全书》(2002—2012) ………………（89）
  2.1.4 《中华人民共和国最高人民检察院
    司法解释全集》……………………………（89）
  2.1.5 《中华人民共和国最高人民法院司法解释
    全集》(第2卷 1993.7—1996.6) ………（90）
3. 地方性法律法规汇编 ……………………………（90）
 3.1 《中华人民共和国地方性法律汇编》
   （1992—1994）上下册 ……………………（90）
 3.2 《北京市法规规章汇编》………………………（90）
 3.3 《北京市法规规章选编》(1949—2001) ……（90）
 3.4 《江苏省地方性法规汇编》
   （1998年—2007年）第一、二册 ……………（91）
 3.5 《浙江省地方性法规汇编》……………………（91）

4. 案例和裁判文书 …………………………………………（91）
  4.1 《中国案例指导》………………………………………（91）
  4.2 《人民法院案例选》……………………………………（91）
  4.3 《最高人民法院公布裁判文书》………………………（91）
  4.4 《中国审判案例要览》…………………………………（92）
5. 裁决书汇编 ………………………………………………（92）
  5.1 《中国国际经济贸易仲裁委员会
      裁决书汇编》…………………………………………（92）
  5.2 《中国国际经济贸易仲裁裁决书选编》………………（92）
  5.3 《中国海事仲裁委员会裁决书和调解书选编》
      (1984—1988) ………………………………………（92）
6. 条约汇编 …………………………………………………（93）
  6.1 收录1949年新中国建立以来的条约
      集和汇编 ……………………………………………（93）
    6.1.1 《国际条约集》……………………………………（93）
    6.1.2 《中华人民共和国条约集》……………………（93）
    6.1.3 《中华人民共和国多边条约集》………………（93）
  6.2 经济贸易方面的条约公约汇编 …………………（93）
    6.2.1 《加入世界贸易组织法规文件汇编》…………（93）
    6.2.2 《国际经济条约公约集成》
          及其《续编》……………………………………（94）
    6.2.3 《国际经济贸易条约总览》……………………（94）
    6.2.4 《国际民事商事公约与惯例》
          （附英文）………………………………………（94）
  6.3 其他方面的条约汇编 ……………………………（94）
    6.3.1 《中华人民共和国国际司法合作
          条约集》…………………………………………（94）
    6.3.2 《国际海事条约汇编》…………………………（94）

附录四 《法律缩略词语表》……………………………………（95）

附录五 《蓝皮书》有关中国司法、政府机关、公报等
常用的法律名词的英文缩略词语对照表……………（175）

附录六 美、英、法、德、日、韩法律引注体系简介……………（177）

常用引注示例

- 法律文献（Rule 2.1）

1982年《宪法》第18条第2款(2004修正)。

1993年《反不正当竞争法》第18条第2款。

- 行政法规文献（Rule 2.1.4—2.1.7）

2003年《第十届全国人民代表大会第一次会议关于国务院机构改革方案的决定》(以下简称《机构改革方案》)(载"北大法宝",【法宝引证码】CLI.1.44855)。

《社会抚养费征收管理办法》第10条(国务院令第357号2002.08.02)。

《道路交通安全法实施条例》第18条(国务院令第405号2004.05.01)(载"北大法宝",【法宝引证码】CLI.2.52565)。

《国务院关于切实加强艾滋病防治工作的通知》(2004.03.16)。

《外商投资商业领域管理办法》第8条(商务部令2004年第8号)。

- 地方法规（Rule 2.1.8）

《天津市收容遣送管理条例》第3条(1996年)。

- 最高人民法院发布的司法解释（Rule 2.1.9）

《最高人民法院关于适用〈婚姻法〉若干问题的解释(二)》第3条(法释[2003]19号)。

- 行政、立法、司法部门的联合通知（Rule 2.1.11）

《最高人民法院、最高人民检察院、公安部关于旅客列车上发生的刑事案件管辖问题的通知》第3段（公通字〔2001〕70号）。

- 司法案例（Rule 2.2）

《谢民视诉张瑞昌、金刚公司（股权纠纷案）》第3段（沪第二中院，2002年）。

《中国科学院福建物质结构研究所等诉济南西斯克光电材料有限公司等（侵犯专利权纠纷案）》，3段（北京第二中级人民法院（2004）二中民初字第00998号，载"北大法宝"【法宝引证码】CLI.C.8918）。

《徐州市国土局行政惩罚决定书》第3段（徐国土监〔1999〕第07号）。

《张富君走私毒品案》〔法公报（2003）第24号〕，载《最高人民法院公布裁判文书（2003年）》，人民法院出版社2004年版，14页。

《国债回购争议仲裁案裁决书》（中国国际经济贸易仲裁委员会，2001.11.08），载"北大法宝"【法宝引证码】CLI.AA.271。

- 条约、公约（Rule 2.3）

《上海合作组织成员国元首宣言》第5条（2005.07.05），载"北大法宝"【法宝引证码】CLI.T.3921。

《中华人民共和国政府和芬兰共和国政府贸易协定》第3条（1981.09.25），载《中华人民共和国条约集》第28集，世界知识出版社1981年版，123页。

- 著作及其他非连续性出版物（Rule 3.1）

王盼、程政举等：《审判独立与司法公正》，中国人民公安大学出版社2002年版，70页。

朱勇："北洋政府宪法"载张晋藩主编：《中国法制通史》第九卷（清末·中华民国），法律出版社1999年版，426页。

塞利格曼（Seligman）：《华尔街变迁史》（The Transformation of Wall Street），田风辉译，经济科学出版社2004年版，50页。

- 期刊或其他连续性出版物（Rule 3.2）

张卫平:"证明标准建构的乌托邦",《法学研究》60—69页（2003/4）。

张乃欣:"欧盟普惠制改革冲击中国纺织业",《人民日报（海外版）》3版（2004/11/2）。

- 名人著作集（Rule 3.5）

"湖南农民运动考察报告"《毛泽东选集》20、23页（人民出版社，1964年版）。

- 会议论文（Rule 3.7.2）

贺卫方:"法律职业共同体的建构"9、11页（"法律方法与法律思维"学术研讨会论文，西北政法学院法学研究所，2001/09/22—23）。

- 登在万维网（World Wide Web）上的信息（Rule 4.1）

朱苏力:"中国现代化进程中的法制问题"第5段，http://chinalawinfo.com/fzdt/xwnr.asp? id=11223（北大法律信息网，文献库，转载时间:2004-1-5）。

江平:"民法的回顾与展望"《比较法研究》1—21页（2006年第2期）（【法宝引证码】CLI.A.128279）。

第一部分　法律文献引用注释规范

简 介

1. 引注的定义

法律引注(citation)指的是在书写法律文书或法学著作时,对文中所引用的法律依据或者文献注明其出处。这里的法律文书包括诉状、辩护状、证词、法律意见书、备忘录,等等;而法学著作包括法学评论文章、专著、教材、法律实务指南,等等。法律引注不仅能帮助读者了解和印证法源、证据以及其他法律工作者的观点,而且有助于增强作品的逻辑说服力和展现作者的工作和治学态度。

2. 引注的目的

法律引注不仅对读者和出版编辑有帮助,对作者本人也是有益的。

1. 法律引注对读者来说有以下几点帮助:(1) 可直接方便读者和出版编辑按照作者所提供的引注查阅所引用的法律条文、判例、证据或者他人的观点,以印证作者所引用的法律观点是否与原文相符合;(2) 当引用法律时,有助读者判断所引法律的分量;(3) 帮助读者和出版编辑了然作者的论据以及有关的参考文献书目。

2. 对作者本人的益处则有:(1) 增强作者的说服力,法律文书和法学著作要有说服力,一定要援引现行有效的法律,或者援引法理上

的概念,法学家、政治领袖,甚至是其他法律工作者的观点为依据;
(2)可反映作者治学的严谨以及参考和阅读有关文献的深度和广度。

所以作者在文中直接或间接引用的任何文献或者引用他人的理论、观点借以支持自身论点时,必须加引注。而当作者有必要对文中的某些观点进行资料性的补充说明或者对文中的某些不常见的专用名词、术语或史实作必要的解释,而此种说明或解释如写入正文,可能打断正文中行文的流畅,令文脉不清,会造成读者理解上的困难。这种注释为解释性注释。

3. 如何使用该规范

本《规范》分为两大部分。第一部分是有关引注规则,第二部分是附录:法律及其相关的缩略语表。规则部分又分为以下五种规范:规范一为基本引注要素和格式要求;规范二为中国规范性文献的引注;规范三为非规范性(二次)文献的引注;规范四为外文文献的引注;规范五为国外主要法律引注标准简介与参考。本《规范》的使用者首先要熟悉文献的引注要素及其引注基本格式,然后,根据被引文献的特点,在规范二到规范五中,选择一种被引文献的引注格式引注,方能准确无误地将被引用的文献以一种统一的格式注明,以便读者有效地查出引用文献的原文。为了方便使用者,在规范二到规范五中的各种文献的引注规则用黑体字表示,并在规则后有引注例示。

在第二部分的附录里,列有《法律常用缩略词对照表》、我国各个省份简称对照表和美国法律引注常用的《蓝皮书》中有关中国司法、政府机关、公报等常用的法律名词的英文缩略词语对照表,以便读者运用法律缩略词。

4. 被引词、句、段的号码及其注号位置

注释可采用页下注即顶底脚注(footnote)或章后注(chapter endnote)的形式,每篇文稿的全部注释编号连排。正文中之注号用阿拉伯数字标注于相关语句标点后的右上角。如用微软的文字处理软件(MS Word)的话,可按word文档中"插入脚注"(Insert footnote)或"插

入章后注"(Insert endnote)功能使注释自动产生,序号直接使用阿拉伯数字1、2、3……而不必加任何符号(目前国内大多出版社和杂志社引注序号用的是加圆圈或方括号的阿拉伯数字①、②、③或〔1〕、〔2〕、〔3〕,这种做法与现代英文和其他拉丁语系文献中的用法不一)。标题注与作者注应以星号(＊)单独排序。示例:

法律信息载体

罗伟＊

  法律信息的载体和其他信息的载体的发展是一样的。信息载体的发展是随着材料、印刷、出版以及现代电子和信息科学技术的发展而发展的。从这个角度看,信息载体形式可以包括早期文字资料、印刷型资料和电子型资料。早期文字资料如楔形文字、①甲骨文、"金文"(刻在青铜器上的文字)、木简和竹简等,其记载的内容涉及政治、军事、法律、思想及礼俗等方面。② 中国古代有关法律的文献也记载在竹简上。例如,睡虎地秦简,也称云梦秦简,是1975年12月在中国湖北省云梦县城关睡虎地十一号墓出土的秦代竹简,记载了当时的法律和公文,经过整理竹简的内容被收集进《睡虎地秦墓竹简》一书。③这批竹简是研究战国晚期到秦始皇时期政治、经济、文化、法律、军事的珍贵史料。早期的文字及其载体具有特殊性,现代文献信息研究中,一般将信息载体主要归纳为印刷型载体和电子型载体形式。印刷型资源,即传统的纸介形式,如图书、期刊、报纸、手稿、书信、会议笔记

 ＊ 罗伟,原厦门大学法学院教师(1984—1987年),1988年到美国留学,1991年获得法律博士学位(J.D.),1993年获得图书信息管理学硕士学位(MLIS)后开始在美国大学法学院图书馆工作,现为美国华盛顿大学法学院法律图书馆员并教授法律文献检索课。
 ① "楔形文字"是源于底格里斯河和幼发拉底河流域的古老文字,这种文字是由约公元前3200年左右苏美尔人发明,是世界上最早的文字之一。参见《维基百科》http://zh.wikipedia.org/wiki/楔形文字。
 ② 参见张晋藩:《中国法制通史》第一卷(夏商周),法律出版社1999年版,第190—191页。
 ③ 参见睡虎地秦墓竹简整理小组编:《睡虎地秦墓竹简》,文物出版社1990年版。本书包括图版及释义、注释、译文几部分。图版依竹简原大影印,竹简在墓中原已散乱,在整理过程中,考古学家尽可能将已折断的竹简缀合复原。

等。电子型资源,是指通过计算机和其他技术手段存储或以互联网为载体的文献形式,如光盘、网络数据库和出版物、多媒体资料等。电子文献资源成为纸介印刷资源不可缺少的补充,两种资源形式将长期共存。①

5. 尽量采用页下注和连续序号

采用页下注(同页注或脚注)比章后注、节后注或段落后注,更方便读者阅读和容易翻阅、查寻引文和引注。在一篇文章或一部著作中,引注序号采用连续号码,也是既方便作者引注又方便编辑汇编文献引用索引(citator)的方法。

6. 常用引领词

引领词指的是在引注的文献前的引用说明词,如"见"、"又见"、"参见"、"如"、"转引自"、"载"等。如果引用的文献直接叙述了所引的事实或观点,引注时可不加引领词。

- 当引用的文献支持所引的事实或观点时,为了强调,可在文献引注前加"见"。
- 当引用的文献进一步支持所引的事实或观点时,可在文献引注前加"又见"。
- 当引用的文献是用来证明所论的事实或观点时,可在文献引注前加"如"。
- 当引用的文献不直接支持所引的事实或观点,但与所引的事实或观点有关时,可在文献引注前加"参见"或"参看"。
- 当引用的文献不是该文献的原始文本时,可在文献引注前加"转引自"或"载"。

---

① 参见于丽英、罗伟:《法律文献检索教程》,清华大学出版社2008年版,第50页。

规范一（Rule 1 or R1） 基本引注要素和格式要求

1. 引注应有的文献要素

引注的最主要功能在于提供作者论证的文献来源，以便作进一步的验证。在西方的法律文献学上，一般将文献分为两类，即一次文献（Primary Sources）和二次文献（Secondary Sources）。前者包括：法律、行政法规、政府公告、司法解释、法院判决、政府函令等由政府权力机构产生的规范性的文献。后者则泛指所有非规范性的文献，如法学评论文章、论文、专著、法学教材、研究报告书等。这一分类概念已被中国法律图书馆界接受和采用，但在中国法律界尚不普遍使用。为了以下被引用文献分类上的方便，本文采用中国法律界比较熟悉的名称"规范性文献与非规范性文献"。

无论哪一种文献，就文献来源的交待而言，应包括以下几个文献要素（bibliographical elements）：

1.1 主要责任者，包括制定者、颁布者、作者、撰稿人、主编、编者、译者、整理者等。

1.2 文献标题，包括法律法规名、案例名、书名、文章名等。

1.3 页码，包括卷、部、章、节、条、款、目、项、段号码等。

1.4 出版或发表事项，包括文献的出版、发表、颁布、产生者、版次和时间等。

除了以上这四个文献要素外，其他文献内容，如出版地，则不是非有不可。

2. 引注责任者的基本要求

若所引用文献为撰著,不必说明责任方式,可以冒号(":")表示;若为"编"、"主编"、"编著"、"整理"、"校注"、"翻译"等其他责任方式,则应注明。两个或两个以上责任方式相同的责任者,用顿号隔开;有三个以上责任者时,只取头两个责任者,其后加"等"字。责任方式不同的责任者,用逗号分开;译著的翻译者及古籍的点校者、整理者等应置于文献标题之后。责任者包含著作名时,不必另行标注责任者。责任者可以是公司行号、政府机构、社团组织、事业单位、社团法人,也可以是自然人。

3. 引注中的数字

根据国家技术监督局 1995 年颁布的《出版物上数字用法的规定》(1996 年 6 月 1 日起实施),引注中的版次、卷次、页码、条文、段落、时间,除古籍应与所据版本一致外,所用的数字一般均使用阿拉伯数字即:1、2、3、4……但数字是责任者或文献标题的组成部分时,应保留原文所用的数字形式,如张五常、刘五一、《十二铜表法》、《六法全书》。

示例:
- 《第十届全国人民代表大会第一次会议表决议案办法》第 5 条第 2 款(2003 年)。
- 《学林综合大六法》2002 年 9 月版。

4. 引注中的年代

引注中的年代,如出版时间应尽量采用公元纪年,例如,1994 年 10 月 1 日,而不用"一九九四年十月一日"。如引用文献只有非公元纪年的出版时间,应括注公元纪年(有关中国历代年号与公元纪年的换算请参见"国学网"上的《历代帝王纪年表》,http://www.guoxue.com/history/histable.htm),但1949年以后不用民国纪年,即引注中国台湾出版的文献时,如文献仅有民国纪年,应换算成公元纪年(11+民国纪年)。

示例:
- 朱采真:《法学通论》,世界书局民国17年(1928年)版。
- 《学林综合大六法》,台北学林文化事业有限公司2002年9月版。
- 《大明令》万历七年(公元1579年)版。

5. 引注中的书卷次、页码、条款、段落等

条文和页码也尽量用阿拉伯数字表示,如中国现代的法律条文一般采用汉语数字(一、二、三、四),引注时用阿拉伯数字表示。中国古代的法律条文和书籍的页码一般采用汉语数字或天干(甲、乙、丙、丁)地支(子、丑、寅、卯),遇此情况,可按原文的数字符号注明条码或页码。引用的内容不止一页而又不连贯时,页码之间用顿号(、)隔开;跨页的页码,中间用连字符(—)。

示例
- 《大明律》卷第十一,礼律一:祭祀,第六条"禁止师巫邪术",载《中华传世法典:大明律》,法律出版社1990年版,89页。

引注法律条款时,在条款数码前加"第",例如,《中华人民共和国刑法》第39条第5款。但引注文献的页码前,不加"第"。

引注的页码可分为"首页"(initial page)和"引文页"(pinpoint page)。"首页"指的是被引注文献的第一页,而"引文页"指的是被引注文献中引文所在的页码。不注"首页"只注"引文页"。

示例:

- "中国对法学教育模式的选择"一文载于《法学教育的现状与未来:21世纪法学教育暨国际法学院校长研讨会论文集》(主编郭成伟,副主编宋英辉)(中国法制出版社,2000年)一书,该文的首页始于第39页,如引文处是第44页,则忽略"首页"只注"引文页",即:

- 吴汉东:"中国对法学教育模式的选择",载《法学教育的现状与未来:21世纪法学教育暨国际法学院校长研讨会论文集》,中国法制出版社2000年版,44页。

现在大量的法律文献发表在网站上,这类文献通常没有页码,特别是文章。从而给引文出处的引注带来了困难。在这种情况下,可采用自然段落的序号注明引文的出处。例如,陈兴良的一篇文章"罪刑均衡的中国命运"登在"北大法律网"的"法学文献"栏目里,如引该文的第四段,引注应为:

示例:

- 陈兴良:"罪刑均衡的中国命运",4段,载"北大法律网",【法宝引证码】CLI.A.026952,1996年发表。

6. 被引文献标题的表示

除正式出版的图书、连续刊物(如杂志、报刊)采用书名号(《》)外,所有其他文献标题都采用双引号("")。如文章的标题中已有双引号,将原双引号换成单引号(' ')。又如在引注文章的标题中已有书名号(《》),则将原来的书名号换成单书名号(〈〉)。"载"字可省略。

示例一,李健华:理一方案情,保一方平安,载于《人民司法》1994年第12期,第41页。

引注为:

- 李健华:"理一方案情,保一方平安",《人民司法》1994年第12

期,41页。

示例二,陈念华:"庄户法官"张开弟,载于《人民司法》1994年第1期,42页。

引注为:
- 陈念华:"'庄户法官'张开弟",《人民司法》1994年第1期,42页。

示例三,全国人大常委会关于批准《联合国打击跨国有组织犯罪公约》的决定。

引注为:
- 《全国人大常委会关于批准〈联合国打击跨国有组织犯罪公约〉的决定》。

7. 网络出版文献的引用

如果引用的文献是出版在纸质出版物上,出版物的名称和出版年份都要注明。如果引用的文献是出版或发表在网络上,至少要注明网址(Universal Resource Locator or URL)和最后的上网访问日。因为网站和网址常有变化,而且有的网址特别冗长,为了方便检索者检索网络出版的文献和引注,有一些专业法律出版商如 Westlaw、LexisNexis、北大法宝(北大法律信息网)等,在它们的每个文献(如每个法律、法规、判例、文章)上加注文献引证号码,而且在其数据库的检索引擎系统里加了一栏,可以输入"引证号码",以便直接检索调取该文献。如引用这类法律专业数据库有引证号码的文献,可不用注明网址而在引注里加注网站名或数据库名称以及引证号码,例如,"北大法宝"制定了自己独特的"北大法宝引证码",当你在"北大法宝引证查询系统"(http://pkulaw.cn/fbm/)的检索栏里输入 CLI.1.17010,即可检索出《中华人民共和国刑法》(1997年修订)。有关"北大法宝引证码"的详情,请见本书附录一。

示例一,《中华人民共和国个人所得税法》(2011修正),载"北大法宝",【法宝引证码】CLI.1.153700。

示例二,"'售楼先生'骗女友冒领客户2万元,法院判决诈骗罪徒刑九月"(2011),载"北大法宝",【法宝引证码】CLI.CR.132167。

8. 缩略词语

使用缩略词确实能节省脚注的篇幅,但作者却要花很多时间去查检缩略词语对照表,以保证缩略词语用得准确,而且读者也常常需要查检缩略词对照表,方能明白其原名。在电脑排版广泛使用之前,因为脚注和章后注的排版费用特别高,所以出版社鼓励作者和编辑大量采用缩略词以减少引注的篇幅。但现在排版都已电脑化,用文字处理软件如微软的 WORD 加脚注,并不多费工夫。所以请合理地使用常用的缩略词语,最好使用本《规范》后面附录中所附的《法律缩略词语对照表》。如所用的缩略词不在《法律缩略词语对照表》里,第一次引注时应说明。

示例:
- 《第十届全国人民代表大会第一次会议表决议案办法》(以下简称《人大表决议案办法》)。

9. 不强制采用"同前揭注(号码)"或"同后揭注(号码)"

在一篇文章或一本书中,需要连续引注同一文献时,除非本注与紧邻前注出处相同时,可标明"同上注"及页码,不要强制作者必须采用"同前揭注"或"同后揭注"。因为,在写文章中,若采用"同前揭注+号码"或"同后揭注+号码",如果其间增加或减少一个或数个引注,则所有"同前或同后揭注"的号码都要相应修改。如果文章长,这种号码的修改非常麻烦。所以建议,让作者有选择采用或不采用的权利。当然,如果不采用"同前或同后揭注",作者就必须在所有源于同一文献的引注中注明该文献的主要引注要素,如作者、文献标题、页码,但可省略出版社及出版年代。

示例：

- 5. 贺卫方：《司法的理念和制度》，中国政法大学出版社1998年版，122页。
- 6. 同上注，135页。
- 12. 贺卫方：《司法的理念和制度》，127页。

10. 台湾、香港、澳门地区出版或发表的文献

可在出版或责任机构前加注"台湾地区"、"香港地区"、"澳门地区"。

示例：

- 刘绍樑：《从庄子到安隆：+A公司治理》，台湾地区：天下杂志股份有限公司2002年版，83页。
- 胡鸿烈、锺期业：《香港的婚姻与继承法》，香港地区：南天书业公司1957年版，115页。

规范二（Rule 2 or R2） 中国规范性文献的引注

中国的规范性法文献主要是指全国人大及其常委会制定的法律与有关法律问题的决议文件，国务院及其所属政府部门制订发布的行政法规、规章与规范性文件，拥有地方立法权的地方各级人大及其常委会制订发布的地方性法规，地方政府与所属部门制定的地方政府规章与规范性文件，国家最高审判与法律监督机关（人民法院、人民检察院）制定发布的司法解释性文件。① 虽然，中国尚未采用判例法制度，但是各级人民法院的裁判文书和各种仲裁机构的裁决书对本案是有约束力的。况且，最高人民法院于1999年10月20日颁布的《人民法院五年改革的纲要》也提议："从2000年起，经最高人民法院审判委员会讨论、决定有适用法律问题的典型案件予以公布，供下级法院审判类似案件时参考。"②所以，中国的规范性法文献也应包括人民法院的裁判文书和仲裁机构的裁决书。因此，中国的规范性法文献还可分为成文法和判例法。

因为目前中国法律法规和案例的纸质出版周期较长，所以，现在查找这类信息，大多是上网用法律专业数据库，如"北大法律信息网"

---

① 参见田建设、马杰："对我国规范性法文件出版现状的认识"，《法律文献信息与研究》2002年第3期。
② 最高人民法院：《人民法院五年改革纲要》第14项，1999年10月20日，法发[1999]28号。

或"北大法宝"。目前引用网络资源时,为方便读者找到原文,引用者要注明网址(URL)或专业数据库的引证号码,如"北大法宝引证码"。

1. 中国成文法引注

中国的法律编纂还处于按编年体的汇编方式,尚不是法典化即按一定主题编纂并能随时更新的法典。所以目前中国法律法规的引注,还不能只引注某部法律汇编的卷、章、条,仍要引注法规的标题和条款。因此,中国法律引注的基本引注要素和格式可为:

法规制定年份《法规标题》条款(如无条款,按其自然段编号)(最近修正年份)。

为了方便读者检索引文,可在基本引注格式后加上规范性的资料的出版物或载体。如载"北大法宝"CLI.1.17010。

在所有中国法律法规等规范性文件前都免冠"中华人民共和国"。示例:《中华人民共和国居民身份证法》为《居民身份证法》。

1.1 现行法律

基本引注要素和格式:

法规制定年份《法规标题》条款(如无条款,按其自然段编号)(最近修正年份)。

示例:
- 1982年《宪法》第18条第2款(2004修正)。
- 1982年《宪法》序言第2段(2004修正)。
- 《宪法修正案》第20条(2004)。
- 1993年《反不正当竞争法》第18条第2款。

1.2 已失效的法律

基本引注要素和格式:

法规制定年份《法规标题》条款(如无条款,按其自然段编号)(已失效)。

示例:
- 1954 年《宪法》第 18 条第 2 款(已失效)。
- 1980 年《刑法》第 108 条第 2 款(已失效)。

1.3 长标题的法律法规引注

对标题比较长的法律法规,第一次引注时应用全称,后面的引注则可用简称,但在第一次引注时,要注明"简称"并加上括号。

示例:

【法规标题】第十届全国人民代表大会第一次会议关于国务院机构改革方案的决定
【发布日期】2003.03.10
【实施日期】2003.03.10
- 2003 年《第十届全国人民代表大会第一次会议关于国务院机构改革方案的决定》(以下简称《机构改革方案》),载"北大法宝",【法宝引证码】CLI.1.44855。

【法规标题】第十届全国人民代表大会第一次会议表决议案办法
【发布日期】2003.03.04
【实施日期】2003.03.04
- 2003 年《第十届全国人民代表大会第一次会议表决议案办法》(以下简称《人大表决议案办法》)。

【法规标题】全国人大常委会关于批准《联合国打击跨国有组织犯罪公约》的决定
【发布日期】2003.08.27
【实施日期】2003.08.27
- 2003 年《全国人大常委会关于批准〈联合国打击跨国有组织犯罪公约〉的决定》(以下简称《批准〈联合国打击跨国有组织犯罪公

约〉的决定》》)。

1.4 国务院颁布的行政法规

基本引注要素和格式：

《法规标题》条款或编号（国务院发文字号，发布日期或年份或实施日期或年份，如果"发文字号"含有日期，可不加上发布日期）。

示例：

【法规标题】道路交通安全法实施条例
【发文字号】国务院令第 405 号
【发布日期】2004.05.01
【实施日期】2004.06.01

- 《道路交通安全法实施条例》第 18 条（国务院令第 405 号 2004. 05.01）（载"北大法宝",【法宝引证码】CLI.2.52565）。

【法规标题】社会抚养费征收管理办法
【发文字号】国务院令第 357 号
【发布日期】2002.08.02
【实施日期】2002.09.01

- 《社会抚养费征收管理办法》（国务院令第 357 号 2002.08.02）。

1.5 国务院规范性文件（通知、意见、决定、批复）

基本引注要素和格式：

《国务院关于 + 文件标题》条款或编号（如果知道"发文字号"应加上"发文字号"和发布日期或实施日期，如果"发文字号"含有日期，可不加上发布日期）。

示例：

【法规标题】国务院关于切实加强艾滋病防治工作的通知
【发布日期】2004.03.16

【实施日期】2004.03.16
《国务院关于切实加强艾滋病防治工作的通知》(2004.03.16)。

【法规标题】国务院关于进一步推进西部大开发的若干意见
【发布日期】2004.03.11
【实施日期】2004.03.11
- 《国务院关于进一步推进西部大开发的若干意见》(2004.03.11)。

【法规标题】国务院关于2003年度国家科学技术奖励的决定
【发文字号】国发[2004]4号
【发布日期】2004.02.14
【实施日期】2004.02.14
- 《国务院关于2003年度国家科学技术奖励的决定》(国发[2004]4号)。

【法规标题】国务院关于大连市城市总体规划的批复
【发文字号】国函[2004]9号
【发布日期】2004.01.20
【实施日期】2004.01.20
- 《国务院关于大连市城市总体规划的批复》(国函[2004]9号)。

1.6 国务院各机构发布的规章

基本引注要素和格式：

《法规标题》条款或编号(发文单位,如果知道"发文字号"应加上"发文字号"和发布日期或实施日期,如果"发文字号"含有日期,可不加上发布日期)

示例：

【法规标题】港口经营管理规定
【发文字号】交通部令2004年第4号

【发布日期】2004.04.15
【实施日期】2004.06.01
- 《港口经营管理规定》第3条(交通部令2004年第4号)。

【法规标题】外商投资商业领域管理办法
【发文字号】商务部令2004年第8号
【发布日期】2004.04.16
【实施日期】2004.06.01
- 《外商投资商业领域管理办法》第8条(商务部令2004年第8号)。

【法规标题】人体损伤程度鉴定标准
【发布日期】2004.04.14
【实施日期】2004.04.14
- 《人体损伤程度鉴定标准》第3.4.2.1(司法部2004.04.14)。

1.7 国务院各机构发布的规范性文件(如公告、通知、意见等)
基本引注要素和格式:

《发文单位+文件标题》条款或编号(如果知道"发文字号"应加上"发文字号"和发布日期或实施日期,如果"发文字号"含有日期,可不加上发布日期)。

示例:
【法规标题】商务部公告2004年第11号
【发文字号】商务部公告2004年第11号
【发布日期】2004.04.16
【实施日期】2004.04.16
- 《商务部公告2004年第11号》第3项(2004.04.16)。

【法规标题】国家发改委关于2004年经济体制改革的意见

【发布日期】2004.04.14
【实施日期】2004.04.14
- 《国家发改委关于2004年经济体制改革的意见》第5项(2004.04.14)。

【法规标题】农业部办公厅、财政部办公厅关于下达2004年国家良种推广项目计划的通知
【发文字号】农办农[2004]13号
【发布日期】2004.04.15
【实施日期】2004.04.15
- 《农业部办公厅、财政部办公厅关于下达2004年国家良种推广项目计划的通知》第5项(农办农[2004]13号)。

1.8 地方法规

基本引注要素和格式：

《发文行政单位+文件标题》条款或编号（如果知道"发文字号"应加上"发文字号"和发布日期或实施日期，如果"发文字号"含有日期，可不加上发布日期）。

示例：
- 《天津市收容遣送管理条例》(1996年)。

1.9 最高人民法院发布的司法解释、规则、条例等

基本引注要素和格式：

《最高人民法院关于+文件标题》条款或编号（如果知道"发文字号"应加上"发文字号"和发布日期或实施日期，如果"发文字号"含有日期，可不加上发布日期）。

示例：
【法规标题】最高人民法院关于适用《中华人民共和国婚姻法》

若干问题的解释(二)
【发文字号】法释[2003]19号
【发布日期】2003.12.25
【实施日期】2004.04.01
• 《最高人民法院关于适用〈婚姻法〉若干问题的解释(二)》第3条(法释[2003]19号)。

【法规标题】最高人民法院关于印发《人民法院司法警察押解规则》的通知
【发文字号】法发[2003]19号
【发布日期】2003.11.03
【实施日期】2003.11.03
• 《人民法院司法警察押解规则》第5条(法发[2003]19号)。

【法规标题】最高人民法院关于印发《人民法院司法警察暂行条例》的通知
【发文字号】法发[1997]11号
【发布日期】1997.05.04
【实施日期】1997.05.04
• 《人民法院司法警察暂行条例》第5条(法发[1997]11号)。

【法规标题】最高人民法院关于被告人对行为性质的辩解是否影响自首成立问题的批复
【发文字号】法释[2004]2号
【发布日期】2004.03.26
【实施日期】2004.04.01
• 《最高人民法院关于被告人对行为性质的辩解是否影响自首成立问题的批复》(法释[2004]2号)。

1.10 最高人民检察院发布的司法解释、规则、条例等
基本引注要素和格式:

《最高人民检察院关于+文件标题》条款或编号（如果知道"发文字号"应加上"发文字号"和发布日期或实施日期,如果"发文字号"含有日期,可不加上发布日期）。

示例：

【法规标题】人民检察院民事行政抗诉案件办案规则
【发布日期】2001.09.30
【实施日期】2001.09.30
- 《人民检察院民事行政抗诉案件办案规则》第3条(最高人民检察院2001.09.30)。

【法规标题】最高人民检察院关于监所检察工作若干问题的规定
【发布日期】2001.09.03
【实施日期】2001.09.03
- 《最高人民检察院关于监所检察工作若干问题的规定》第5条(2001.09.03)。

【法规标题】最高人民检察院关于印发《检察官职业道德规范》的通知
【发文字号】高检发政字[2002]10号
【发布日期】2002.02.26
【实施日期】2002.02.26
- 《检察官职业道德规范》第35条(高检发政字[2002]10号)。

1.11 行政、立法、司法部门联合通知

基本引注要素和格式：

《联合部门名称+文件标题》条款或编号（如果知道"发文字号"应加上"发文字号"和发布日期或实施日期,如果"发文字号"含有日期,可不加上发布日期）。

规范二（Rule 2 or R2） 中国规范性文献的引注

示例：
【法规标题】最高人民法院、最高人民检察院、公安部关于旅客列车上发生的刑事案件管辖问题的通知
【发文字号】公通字［2001］70号
【发布日期】2001.08.23
【实施日期】2001.08.23

• 《最高人民法院、最高人民检察院、公安部关于旅客列车上发生的刑事案件管辖问题的通知》（公通字［2001］70号）。

1.12 引自法律法规汇编

从法律法规汇编中引用法律法规时，可以在法律法规的标题和页码后加注汇编书名和出版社及出版年份。

示例：
• 1995年《保险法》第5条（2002修正），载《法律小全书》，法律出版社2003年版，11—32页。

2. 案例、裁判文书、仲裁裁决书

目前，《最高人民法院公报》、《人民法院案例选》、《中国审判案例要览》、《中国案例指导》等主要案例汇编上的案例标题有两种表示方式，一种是控辩双方当事人的姓名或名称，中间加上"诉"；另一种是列一方当事人的名称和案由。前者主要用于民事案件，后者主要用于刑事案件。所以，引注案例时，应根据案例汇编中的案例标题处理。

2.1 基本引注要素和格式

《案例标题或（原告名）诉（被告名）》自然段落序号（发布法院发文字号或发布日期）。

示例：
【案例标题】济南市人民检察院诉王怀忠受贿、巨额财产来源不

明案

【终审日期】2004.02.11
- 《济南市人民检察院 诉 王怀忠(受贿、巨额财产来源不明案)》,3段[最高法院审判委(第1308次会议)(2004)刑复字第15号,载"北大法宝",【法宝引证码】CLI.C.67683]。

如果案例没有【发文字号】,则用:《案例标题》段落序号(发布法院,发布日期)。

示例:

【案例标题】谢民视诉张瑞昌、金刚公司股权纠纷案
【终审日期】2002.03.31 上海市第二中级人民法院
- 《谢民视诉张瑞昌、金刚公司(股权纠纷案)》,3段(沪第二中院,2002年)。

【案例标题】上海汇兴实业公司诉上海浦江海关行政赔偿案
【终审日期】2003.10.10 上海市高级人民法院
- 《上海汇兴实业公司诉 海浦江海关行》,3段(沪高院,2003年)。

【案例标题】中国科学院福建物质结构研究所等诉济南西斯克光电材料有限公司等侵犯专利权纠纷案
【终审日期】2004.01.12 北京市第二中级人民法院民事裁定书
- 《中国科学院福建物质结构研究所等诉济南西斯克光电材料有限公司等(侵犯专利权纠纷案)》,3段[北京第二中院(2004)二中民初字第00998号,载"北大法宝",【法宝引证码】CLI.C.8918]。

示例:
- 《徐州市国土局行政惩罚决定书》,3段(徐国土监[1999]第07号)。

规范二(Rule 2 or R2) 中国规范性文献的引注

示例：
- 《国债回购争议仲裁案裁决书》(中国国际经济贸易仲裁委员会,2001.11.08),载"北大法宝",【法宝引证码】CLI.AA.271。

2.2 引自案例或裁判文书汇编

引用案例或裁判文书汇编中的案例时,可以在以上的引注后加上(案例或裁判文书汇编的书名)和(出版社,出版年份)。

示例：
- 《张富君走私毒品案》[法公报(2003)第24号],载《最高人民法院公布裁判文书(2003年)》,人民法院出版社2004年版,14页。
- 《电梯货款争议仲裁案裁决书》[2000/8/31],载《中国国际经济贸易仲裁委员会裁决书汇编(2000.4)》,法律出版社2004年版,2184页。

3. 条约、公约、宣言、议定书、国际惯例等

本规则讨论的条约、公约、宣言、议定书、换文、国际惯例等法律文件指的是中国已正式加入并在中国生效的国际法律文献。中国未正式加入的条约、公约、宣言、议定书、换文、国际惯例等其他国际法律文件将在规范五(Rule 5)中讨论。

中华人民共和国签订的双边、多边条约和加入的国际公约中文文本的正式出版物是由外交部编纂的《中华人民共和国条约集》和《中华人民共和国多边条约集》。① 但这两个出版物的出版周期都很慢,

---

① 《中华人民共和国条约集》由外交部编纂,自1957年以来,不定期地先后由法律出版社、人民出版社、世界知识出版社出版,最近的一集是2010年出版的第55集。第55集收集了127项中华人民共和国(包括政府间和部门间)同外国或国际组织签订的双边条约及条约性文件,其中,123项为2008年签订,4项为2007年签订。《中华人民共和国多边条约集》也是由外交部条法司编纂,由法律出版社自1987年不定期出版,2009年出版的第9集收入了中国2002年至2007年期间参加(含签署、批准、核准、加入和接受)的47个多边条约,每项多边条约的脚注部分包括多边条约的生效日期、中国签署、批准、核准、接受或者加入日期以及适用于香港和澳门特别行政区的情况等信息。

好在北大法律信息网已收集了大部分这类国际条约和公约。所以在引注出版源时,可用北大法律信息网作为出版源。

基本引注要素和格式要求:

《条约或公约标题》引注条文条码(发布或签订日期),出版源。

示例:

● 《中华人民共和国政府和芬兰共和国政府贸易协定》第 3 条 (1981.09.25),载《中华人民共和国条约集》第 28 集,世界知识出版社 1981 年版,123 页。

● 《中华人民共和国和泰王国引渡条约》第 5 条(1994.03.05),载"北大法宝",【法宝引证码】CLI.T.240。

● 《上海合作组织成员国元首宣言》第 5 条(2005.07.05),载"北大法宝",【法宝引证码】CLI.T.3921。

● 《联合国国际货物销售合同公约》第 5 条(1980.04.11),载"北大法宝",【法宝引证码】CLI.T.3452。

● 《跟单信用证统一惯例》(1993 修订)第 5 条(1993.03.26),载"北大法宝",【法宝引证码】CLI.T.6472。

● 《1990 年国际贸易术语解释通则》(船上交货 FOB)(1990.07.09),载"北大法宝",【法宝引证码】CLI.T.6752。

● 《中华人民共和国加入议定书》第 3 条(2001.11.10),载《中国加入世界贸易组织法律文件》,法律出版社 2002 年版,5 页。

规范三(Rule 3 or R3) 非规范性(二次)文献的引注

1. 著作及其他非连续性出版物

基本引注要素和格式:

作者:《文献标题》(版本与卷册,若有)(编者或译者,若有),出版社××××年版,引文页码。

1.1 单一作者

● 徐国栋:《民法基本原则解释——成文法局限之克服》,中国政法大学出版社2001年版,178页。

1.2 两个作者

● 李桂林、徐爱国:《分析实证主义法学》,武汉大学出版社2000年版,1—51页。

1.3 两个以上作者

如果知道主责任者,可只引注主责任者的姓名。否则只引注书上排在前面两名作者姓名,作者姓名用顿号分开,并在第二个作者姓名

后加上"等",如以下书共有作者8位,只选前两位:

- 王盼、程政举等:《审判独立与司法公正》,中国人民公安大学出版社2002年版,70页。

1.4 仅有编者没有撰稿人

- 最高人民法院研究室:《人民法院五年改革纲要》,人民法院出版社2000年版,50页。

1.5 既有编者又有撰稿人

可根据需要,单注主编或撰稿人和主编都注,例如,《中国法制通史》有总主编:张晋藩,卷主编和章撰稿人,如不强调撰稿人,可仅仅注为:

- 张晋藩主编:《中国法制通史》第九卷(清末·中华民国),法律出版社1999年版,426页。

如强调撰稿人,可注为:

- 朱勇:"北洋政府宪法",载张晋藩主编:《中国法制通史》第九卷(清末·中华民国),法律出版社1999年版,426页。

1.6 译著
如有可能加上作者和书名的外文的原文。

示例:
- 伯尔曼:《法律与革命——西方法律传统的形成》,贺卫方等译,中国大百科全书出版社1993年版,87页。
- 塞利格曼(Seligman):《华尔街变迁史》(The Transformation of Wall Street),田风辉译,经济科学出版社2004年版,50页。

1.7 单一作者论文集

无须特别注明(文章名)。

示例:

● 马汉宝:《法律与当代社会:马汉宝教授七秩荣庆论文集》,台湾地区:思上书屋1996年版,25页。

1.8 多个作者论文集

基本引注要素和格式:

引文作者姓名:"文章名",载《论文集书名》,出版社××××年版,引文页码。

示例:

● 罗伟:"大陆法系和英美法系主要国家法典编纂的比较与中国应选择的模式初探",载《法律编纂研究》,中国法制出版社2005年版,12页。

● 赵相林:"中国高等法学教育的现状和发展",载《法学教育的现状与未来:21世纪法学教育暨国际法学院校长研讨会论文集》,中国法制出版社2000年版,11页。

1.9 系列丛书

当引注的著作属于某个系列丛书时,引注者可自由裁量是否要加注(丛书标题),例如,程燎原著的《从法制到法治》为《法治之路丛书》中的一本,可注为:

示例:

● 程燎原:《从法制到法治》,《法治之路丛书》,法律出版社1999年版,111页。

或

- 程燎原:《从法制到法治》,法律出版社1999年版,111页。

1.10 法律词典、辞典、辞海

法律词典、辞典、辞海大多由集体编写且词条比较短,所以引注时,可省略文献标题,只需在引文页后加上编者名或单位。

基本引注要素和格式:

《词典或全书标题》(版本与卷册,若有),(编者或译者,若有),出版者××××年版,引文页码。

示例:

- 《法律辞典》(中国社会科学院法学研究所法律辞典编委会编),法律出版社2003年版,150页。

1.11 法律百科全书

法律百科全书的词条一般较长,引注时,应注明文献标题。

基本引注要素和格式:

"文献标题"载《词典或全书标题》(版本与卷册,若有),(编者或译者,若有),出版者××××年版,引文页码。

示例:

- "法国选举制度",载《北京大学法学百科全书·宪法学·行政法学》,北京大学出版社1999年版,109页。

2. 期刊或其他连续性出版物

连续出版物中引用文献的基本引注要素和格式:

作者姓名:"文章名",《期刊名称》引文页码(出版时间/期)。

示例:

- 陈卫东、李训虎:"先例判决·判例制度·司法改革",《法律适用》20、22页(2003/1—2期)。

2.1 期刊

期刊,即定期出版的刊物,包括杂志、报纸、学报、年刊等。期刊中被引用文献的基本引注要素和格式:

作者姓名:"文章名"《期刊名称》(版本或出版地,因为同一期刊有不同的专业版本、地区版本、文种版本时,应括注版本,以示区别)引文页码(出版时间/期)。

示例:
- 张卫平:"证明标准建构的乌托邦",《法学研究》60—69页(2003/4)。
- 吴建农:"民事诉讼代理制度研究",《安徽大学学报》(哲学社会科学版)134—138页(2003/2)。
- 王文宇:"金融控股公司法制之研究",《台大法学论丛》30卷,49、52页(2001/1)。

2.2 报刊

报刊中引用文献的基本引注要素和格式为:

作者姓名:"文章名"《报刊名称(版本或出版地)》引文版页(出版年/月/日)。纯粹的新闻报道或撰写人不详的文献,不必标注作者。

示例:
- 张乃欣:"欧盟普惠制改革冲击中国纺织业",《人民日报(海外版)》3版(2004/11/2)。
- "中国食品安全存在五大问题",《人民日报(海外版)》6版(2004/11/2)。

3. 出版社出版的连续刊物

近年来出版社出版了不少连续刊物。它们多数是年刊但不一定每年都按时出版,如法律出版社出版的《立法研究》《国际经济法论丛》《民商法论丛》《中国法律年鉴》《中国国际法年刊》《刑事审判参考》《民事审判指导与参考》等,人民法院出版社的《中国司法评论》等。在引注登载这类连续刊物的文献时,应按2.1期刊的引注规则,并加上出版社名称。

示例:
- 王贵国:"经济全球化与中国法制兴革的趋向",《国际经济法论丛》3卷,法律出版社2000年版,1、3页。
- "2002年全国法院审理各类案件情况统计表",《中国法律年鉴2003年》,中国法律年鉴社2004年版,1319页。

4. 活页出版物

活页出版物指的是用活页夹装订的图书,以便将来换页更新内容的出版物。在中国,法律方面的活页出版物还不多,主要是集中在法律法规的出版上,如法律出版社的《中华人民共和国法典》。在引注登载这类连续刊物的文献时,应以最新的更新日期标明出版日期,例如,《中华人民共和国法典》是2000年出版,每年更新一次,引2004年的更新过的文献,出版日期应是2004。

示例:
- "医疗器械分类规则"第2条,载《中华人民共和国法典》·部门规章·药品·第1卷·2000年·1页(法律出版社,2004年更新)。

5. 名人著作集

如《毛泽东选集》、《邓小平文选》、《巴金文集》。

规范三（Rule 3 or R3） 非规范性（二次）文献的引注

基本引注要素和格式：

"文章标题"《著作集书名》引文页（出版社出版年版）。

示例：
- "湖南农民运动考察报告",《毛泽东选集》(第一卷),20、23页（人民出版社1964年版）。

6. 典籍

典籍指常用古籍、类书以及官修大型典籍,如《诗经》《论语》《资治通鉴》《唐律疏议》《永徽律疏》《宋刑统》《明实录》《大清律例》等。典籍可视实际情况决定是否标注责任者、版本或出版年、页码；卷次以阿拉伯数字表示；部类及篇目用书名号表示,其中不同层次可用中圆点隔开。

基本引注要素和格式：

《典籍名称·部类或篇目》(卷次),条目或页码(如有)。

示例：
- 《论语·子路篇》。

6.1 现代重印的典籍

如果引用的典籍版本是现代重印的,可在引注末尾加上出版项、页码。

示例：
- 《中华传世法典：大明律》(卷第四 户律一),户役,法律出版社1998年版,45页。

6.2 标明章节段落的典籍

如果引用的典籍标明章节段落,引注时应注明引用的章节段落。

示例:

《圣经》不仅分章而且分节,如"和合本"《圣经·出埃及记》第20章,有关"十诫"的教训为:20:3 除了我以外,你不可有别的神。20:4 不可为自己雕刻偶像,也不可做什么形象,仿佛上天、下地和地底下、水中的百物。20:5 不可跪拜那些像,也不可侍奉他。因为我耶和华你的神是忌邪的神,恨我的,我必追讨他的罪,自父及子,直到三四代。20:6 爱我守我诫命的,我必向他们发慈爱,直到千代。20:7 不可妄称耶和华你神的名,因为妄称耶和华名的,耶和华必不以他为无罪。20:8 当纪念安息日,守为圣日。20:9 六日要劳碌做你一切的工。20:10 但第七日是向耶和华你神当守的安息日。这一日你和你的儿女、仆婢、牲畜,并你城里寄居的客旅,无论何工都不可作。20:11 因为六日之内,耶和华造天、地、海、和其中的万物,第七日便安息。所以耶和华赐福与安息日,定为圣日。20:12 当孝敬父母、使你的日子在耶和华你的神所赐你的地上,得以长久。20:13 不可杀人。20:14 不可奸淫。20:15 不可偷盗。20:16 不可作假见证陷害人。20:17 不可贪恋人的房屋,也不可贪恋人的妻子、仆婢、牛驴,并他一切所有的。这段话可引注为:

- 《圣经·出埃及记》20章,3—17节(和合本)。

7. 未出版或未刊登文献的引注

未出版或未刊登之文献指的是未经正规出版途径或刊登发表的文献,如学位论文、文件、会议论文、诉讼文书、备忘录等。引用未出版或刊登文献时,应尽可能取得相关权利人同意,并尽可能注明资料形成之时间和地点,最好说明该文献收藏于何图书馆。

未出版或刊登之文献的基本引注要素和格式:

作者:"论文标题"引文页码(相关机构及文献性质,时间)。

7.1 学位论文

已出版的学位论文适用普通著作的注释形式。未出版学位论文基本引注要素和格式:

作者:"论文标题"引文页码(学术机构及文献性质,年份)。

示例:
- 王涌:"私权的分析与建构——民法的分析法学基础"76页(中国政法大学博士论文,1999年)。

7.2 会议论文
基本引注要素和格式:

作者:"论文标题"页码("会议名称"及文献性质,会议地点,时间)。

示例:
- 贺卫方:"法律职业共同体的建构"9、11页("法律方法与法律思维"学术研讨会论文,西北政法学院法学研究所,2001/09/22—23)。

7.3 学术报告
基本引注要素和格式:

报告人:"报告标题"页码(整理情况,报告地点及文献性质,时间)(如果整理出的报告未出版的话,最好说明该文献收藏于何图书馆)。

示例:
- 贺卫方:"撑起中国宪政的九大支柱"3页(据2003年10月28日在南京财经大学的报告整理,有删改)(藏于北京大学法学院图书馆)。

规范四(Rule 4 or R4)　互联网、电子化或其他非印刷品资源

这部分规范如何引注发布在互联网上、广泛被应用的商业电子数据库(如"北大法宝"、"中国知网")中和出版在电子媒体、微缩媒体、广播电视里的信息。

1. 登在万维网(World Wide Web)上的信息

目前有许多纸质出版物如法律法规和期刊,甚至一部分图书,在万维网上能找到它们的电子版,如引用发表在万维网上的这类信息时,按上述的纸质出版物引注即可,但为了帮助读者上网找到引用文献,也可附加网络出版的出处,如具体网址或网络数据库有自己一套引证号码[如北大法律信息网(www.chinalawinfo.com)的【法宝引证码】,详见附录一],可以使用网络数据库引证号码,以便减少引注篇幅。

示例:

- 江平:"民法的回顾与展望",载《比较法研究》1—21页(2006年第2期)(并登在 http://journal.chinalawinfo.com/Article_Info.asp?Id=28279)。

或

- 江平:"民法的回顾与展望",《比较法研究》1—21页(2006年第

2期)(【法宝引证码】CLI.A.128279)。

引注万维网上的文献有几个问题要注意。(1)登在网上的文献大多没有页码,如有必要引注"引文处"时,可按文献的自然段落的次序号码来引注。(2)许多网站上的文献已在其他媒体上发表过,所以,如果知道文献最早的发表或写作时间,应加以注明;如果不知道文献最早的发表或写作时间,则要注明转载时间。(3)文献的具体网址常常会改变,所以应在网址后加上"网站名"。如引用的文献登在某个数据库或专栏里,可在"网站名"后加上"数据库或专栏名"。(4)如知道文献原文的发表或出版事项,应将有关的信息加上。

2. 基本引注要素和格式

责任者与责任方式:"文献标题"自然段落号码,网络数据库引证号码(如北大法律信息网的【法宝引证码】)或具体网址(Uniform Resource Locator,URL)(网站名,数据库或专栏名,若有,最早的发表或写作时间或转载时间,最近更新时间,最近的访问时间)。

示例:
- 朱苏力:"中国现代化进程中的法制问题"5段,http://chinalawinfo.com/fzdt/xwnr.asp? id = 11223(北大法律信息网,文献库,转载时间:2004-1-5)。
- 贺卫方:"二十年法制建设的美与不足"7段,http://article.chinalawinfo.com/article/(北大法律信息网,写作年份:2002,访问时间:2004-06-18)。
- 高铭暄、王俊平:"《罗马规约》与中国刑法犯罪故意之比较"4段,http://www.criminallaw.com.cn/article/default.asp? id = 807(中国刑事法律网,上传时间:2007-1-21)。

中国目前有些专业网站,如"北大法律信息网",还为每个文献加注号码,以便日后检索。所以如有文献号,最好加上。

示例:
- 贺卫方:"二十年法制建设的美与不足"11 段,http://article.chinalawinfo.com/article(北大法律信息网,论文,写作年份:2002,访问时间:2004-06-18)(北法/论文 2002:001)。

3. 电子邮件

基本引注要素和格式:

发件人名 致 受件人名:《标题》(发件时间)。

示例:
- 罗伟致赵晓海电子邮件:"统一中国法律引用注释标准研讨会议项"(2004-06-15 9:30 北京时间)

4. 音像制品

基本引注要素和格式:

作者或制片人或表演者或演唱者:《文献标题》(收录方式:VCD、CD、DCD、VHS、卡带)第×集或部或片,出版社×××年版。

示例:
- 李援:《中华人民共和国行政处罚法讲解》(VCD)第 1 集,法律出版社 2001 年版。
- 《2001 年律师资格考试辅导讲座》(CD)第 30 盒,中国律师资格考试中心监制,北京法制教育音像出版社 2001 年版。

5. 光盘(CD-ROM)资料

基本引注要素和格式:

作者:《文献标题》(CD-ROM)(出版社,年份)。

示例：
- 《北大法宝（专业版）：合同范本库》（CD-ROM），北大英华公司2004年版。
- 《2001律师资格考典》（CD-ROM），北京大学出版社2001年版。

6. 微缩资料

微缩资料主要是指用微缩胶片和胶卷存储的信息资料。

基本引注要素和格式：

作者："文献标题"，《原出版物或刊名》年份，引文页码，微缩单位、方式：微缩胶片／胶卷、号码。

示例：
- 顾昂然："刑法修改报告"，《国务院公报》1997.5.25，10页，人民大学微缩胶片，1998：101。
- 顾昂然："人大法律委员会关于合同法草案审议结果的报告"，《法制日报》1999.03.15，2页，中国缩微出版物进出口公司，胶片，2002年。

7. 广播电视和电影

基本引注要素和格式：

《文献标题》，制作单位，时间（形式）。

示例：
- 《晚间新闻》，中央电视2台，2004-11-10（电视广播）。
- 《国家命脉》，中国检察院影视中心2004年（电视剧）。
- 《天下无贼》，华谊兄弟影视公司2004年（电影）。

规范五(Rule 5 or R5) 外文文献的引注

这一章所谈的外文文献的引注是指用中文书写法律文书并在国内发表时,直接引用外文原文文献时的引注基本要素和格式。外文文献的基本引注要素和格式,可依照以上中文引注的基本引注要素和格式引注。按照国内翻译界、出版界和学术界达成的共识,对于英美人名的翻译,应以《英语姓名译名手册》(1984 年新华通讯社译名室编、商务印书馆发行的翻译参考书,到 2004 年为止已出第四版,全书共收入英国、美国、加拿大、澳大利亚、新西兰等使用英语的国家的英语姓名、教名的汉译约 6 万条,按拉丁字母顺序排列)。而英美地名之翻译,则以《外国地名译名手册》(中华人民共和国国务院下属机构——中国地名委员会——为了消除社会上外国地名翻译的混乱,统一规范外国地名的汉译而编写的词典,商务印书馆于 1983 年出第 1 版,1993 年出增补版,收录地名 9.5 万余条)。如果人名或地名不在这两个手册里,则按音译。为了方便读者检索文献原文,应在作者或责任者、标题、书名、杂志、出版社等名称后用括号加上外文的原文。如果从引注要素中看不出引文来源于何国时,可在引注前加上该国名的简称或全称,并用方括号即"[ ]"括起来,如[美]、[加拿大]。

示例:

- [美]迈可尔·凯利(Michael Kelly):"布什在 2001—2003 年的外

规范五（Rule 5 or R5） 外文文献的引注

交政策：在多极世界中的单边理论与伊拉克提供的改变机会（*The Bush Foreign Policy 2001—2003: Unilateralist Theory in a Multilateral World and the Opportunity for Change Offered by IRAQ*）",载《华盛顿大学环球法学评论》(Washington University Global Studies Law Review) 2卷193页(2003年冬)。

目前,许多国家的成文法律文献都能在互联网上找到,如直接从互联网引用外国法律文献,应注明网址。

1. 法律

1.1 美国成文法律(Statutes)

1.1.1 联邦成文法

美国是一个联邦制的国家,联邦政府和各州政府在美国宪法规定的管辖权内都有各自的立法权。所以美国的成文法可包括联邦和各州的法律和行政法规。美国的成文法不仅按编年体的方式(通过的时间顺序)汇编成册,如《美国联邦法律总汇》(United States Statutes at Large),还按主题分类的方式将所有当年通过的法律分别编入法典里,如《美国法典》(United States Code)。因此,按主题编纂的《美国法典》方便检索现行有效的法律,而按编年体方式汇编的《美国联邦法律总汇》则方便汇集法律和检索旧的法律。所以引注法典中的条文和单行法律是不一样的。[①] 美国联邦和各州的成文法都法典化,引注时,如直接引注有关法典,会比较简便。

《美国法典》(United States Code)引注规则：

《美国法典》篇(title)号和条款(section)号(《美国法典》出版或更新年份)。

[①] 如需检索美国联邦法律,可利用以下美国政府官方网站：(1)《美国联邦法律总汇》(United States Statutes at Large): http://www.gpo.gov/fdsys/browse/collection.action? collectionCode = PLAW；(2)《美国法典》(United States Code): http://www.gpo.gov/fdsys/browse/collectionUScode.action? collectionCode = USCODE。

示例:

- 《美国法典》(United States Code) 19 篇 2411 条(2000 年)。

美国单行法律引注规则:

《法律名称及其颁布年份》公法号,条款号,《美国联邦法律总汇》篇号(title)和条款号(section)(颁布年份)(编入《美国法典》篇号和条款号)。

示例:

- 《1996 年经济间谍法》(Economic Espionage Act of 1996),公法(Pub. L.)104-294 号,第 201 条,《法律总汇》(Statute at Large) 110 卷 3488 页、3491 页(1996 年)[编入《美国法典》18 篇 1030(e)(2)条]。

1.1.2 美国州成文法

美国有 50 个州,各州的法典名称都不尽相同,但是它们的编纂方式大体上是一样的,都是按主题分类编纂。要知道美国各州法典的名称和其英文缩写,如有《蓝皮书》,应参阅其中的"表一:美国司法管辖区各州法律出版物一览表"(Table 1: United State Jurisdictions)。①

1.1.3 美国联邦行政法规(Administrative Regulations)

与成文法编纂方式相似,美国联邦的行政法规,不仅有按编年体的方式(即按颁布的时间顺序)汇编成册,如《美国联邦政府公报》(Federal Register,从周一到周五的工作日,每天出一期),还有按主题分类的方式将所有当年通过的法律分别编入行政法典里,即《美国联邦行政法典》(Code of Federal Regulations,每年全套书更新再版一次)。因此,按主题编纂的《美国联邦行政法典》方便检索现行有效的法律,而按编年体方式汇编的《美国联邦政府公报》则方便汇集法规和检索

---

① 如需免费检索美国各州法典,可利用以下"the Library of Public Law"网站上的导航:http://www.plol.org/Pages/Search.aspx。

旧的法规。所以引注行政法典中的条文和单行行政法规是不一样的。[①]

《美国联邦行政法典》引注规则：

"规则名称",《美国联邦行政法典》篇(title)号 和节(part)或条款(section)号(《美国联邦行政法典》出版或更新年份)。

示例：

STEPS FOR USING THE EAR (Export Adminitrative Regulation), 15 C. F. R. PART 732 (2011) 引注为：

● "出口管制规则的执行步骤",《美国联邦行政法典》15篇732节(2011年)。

1.1.4 州行政法规

与美国联邦的行政法规编纂方式相似,美国各州的行政法规,不仅有按编年体的方式(即按颁布的时间顺序)汇编成册,如《密苏里州政府公报》(Missouri Register),还有按主题分类的方式将所有当年通过的法律分别编入行政法典里,即《密苏里州行政法典》(Missouri Code of State Regulations, http://www. sos. mo. gov/adrules/csr/csr. asp)。引用美国州行政法规时,一般引注其行政法典。[②]

美国州行政法典引注规则：

[美]"规则名称",《州行政法典》篇(title)号 和节(part)或条款(section)号(《州行政法典》出版或更新年份)。

示例：

6 CSR 10-2.080 Higher Education Academic Scholarship Program

---

① 如需检索美国联邦行政法规,可利用以下美国政府官方网站:(1)《美国联邦政府公报》(Federal Register):http://www. gpo. gov/fdsys/browse/collection. action? collectionCode = FR;(2)《美国联邦行政法典》(Code of Federal Regulation):http://www. gpo. gov/fdsys/browse/collectionCfr. action? collectionCode = CFR。

② 如需检索美国各州的行政法典,可上 http://www. plol. org/ 导航网站,点"Regulations"栏目后,检索。

(Missouri Code of State Regulations, 2011).

引注为：
- ［美］"高等教育机构奖学金项目规则"《密苏里州行政法典》6篇10-2.080条(2011)。

1.2 英国法律

英国法律引注规则：

［英］《法律名称及其颁布年份》章、条序号。

示例：
- ［英］《1992年社会保险缴纳与福利法》(Social Security Contributions and Benefits Act 1992)第4章5条。

1.3 日本法律

引注日本法律时可按以上中国法律的引注格式。如果法律名称要用简称时，应参考"法例名の略語"(法令简称)。该法令简称出于日本"法律编集者懇話会"编的《法律文献等之引用方法》(即《法律文献等の出典の表示方法》，可在神户大学法学院的网站上找到(http://www.law.kobe-u.ac.jp/citation/mokuji.htm)。

示例：
- ［日］《行政事件訴訟法》第5条(2000年)。

或
- ［日］《行訴》第5条(2000年)。

2. 判例

2.1 美国

2.1.1 美国最高法院和联邦法院判例

美国最高法院不仅受理来自联邦巡回法院(circuit courts)的上诉案，也受理来自各州的上诉案。美国最高法院的判例集出版物主要

规范五（Rule 5 or R5） 外文文献的引注　　　　　　　　　45

有三种:《美国最高法院判例汇编》(United States Reports published by the General Print Office, the official reporter,英文缩写为：U. S.)，《最高法院判例汇编》(Supreme Court Reporter published West,英文缩写为：S. Ct.)和《美国最高法院判例汇编律师版》United States Supreme Court Reports Lawyer Edition (published by LexisNexis,英文缩写为：L. Ed.)。美国有 13 个联邦巡回法院（即上诉法院），每个巡回法院下辖数个初审法院(district courts)。美国官方已不在出版联邦巡回法院的上诉判例及其初审法院的判例,这些判例都由西方出版公司出版,并被承认具有官方文本的效力。西方出版公司出版的联邦法院判例汇编名称分别是:《联邦上诉法院判例汇编》及其 3 个系列(Federal Reporter, Federal Reporter 2 Second Series, Federal Reporter 3 Third Series,英文缩写分别为：F. , F. 2d, F. 3d.);和《联邦补充判例汇编》(Federal Supplement, 英文缩写为：F. Supp. , F. Supp. 2d)。

示例：

Brown v. Board of Education, 329 U. S. 294 (1955) 引注为：

● 《布朗诉教育局》(Brown v. Board of Education),《美国最高法院判例汇编》(United States Reporter) 349 卷 294 页(1955 年)。

McHenry v. Fla. Bar, 21 F. 3d 1038 (11th Cir. 1994) 引注为：

● 《麦克亨利诉佛罗里达州律师协会》(McHenry v. Fla. Bar),《美国联邦判例汇编（第三系列）》(Federal Reporter, 3d) 21 卷 1038 页［第 11 巡回上诉法院(11th Cir.),1994 年］。

2.1.2 州法院判例

西方集团出版社将美国各州分成 7 个区域,然后将各个区域里的地方判例分别汇编成 7 个区域性的判例汇编,即《大西洋判例汇编》(Atlantic Reporter)《东南判例汇编》(South Eastern Reporter)《南方判例汇编》(Southern Reporter)《东北判例汇编》(North Eastern Reporter)《西南判例汇编》(South Western Reporter)《西北判例汇编》(North Western Reporter)和《太平洋判例汇编》(Pacific Reporter)。同时,西方集团出版社还汇编出版一些州的判例汇编,如《加州判例汇编》

(California Reporter);有些州政府还汇编出版各自官方版的判例汇编。所以,可根据判例汇编的版本引注。

示例:

MBNA Am. Bank, N.A. v. Cardoso, 707 N.E.2d 189 (Ill. App. 1st Dist. 1998),是登载在《东北判例汇编》(Northeastern Reporter)第二系列,707卷第189页的伊利诺伊州第一区上诉法院判决的"MBNA AM 银行诉卡多索案",引注为:

- 《MBNA AM 银行诉卡多索》(MBNA Am. Bank, N.A. v. Cardoso),《东北判例汇编(第二系列)》(Northeastern Reporter, 2d)707卷189页[伊利诺伊州第一区上诉法(Ill. App. 1st Dist.) 1998]。

2.2 英国

示例:

- [英]《哥萨市诉宋萨比》(Gotha City v. Sotheby's) 1998年《判例周报》(Weekly Law Report) 第1卷114页。

2.3 日本

可参考以上中国判例的引注格式。日本法院一般给每个判例加"请求事件名",所以引注时可用"请求事件名"代替"当事人名"。日本法院及其判例集仍然使用日本天皇的历年,引注时,请保留其历年,并应括注公元纪年。

基本引注要素和规则:

《请求事件名》(法院名,判决年月日)(出处)。或请求事件名(出处)。

示例:

- [日]《太平洋战争韩国人牺牲者补偿请求事件》[最高裁判所第1895号,平成16年(2004)11月29日,第二小法庭判决],载"日本裁判所网站"http://courtdomino2.courts.go.jp/schanrei.nsf。
- ［日］《金子哲诉全国朝日放送株式会社》，［《最高裁判所裁判集》57 卷 9 号 1075(1)页，平成 15 年(2003)10 月 16 日］。

3. 著作

3.1 英文

基本引注要素和规则：

作者：《书标题》引文页（出版社，版本，出版年份）。

示例：

Lynn M. LoPucki & Elizabeth Warren, *Secured Credit: A Systems Approach* 700 (Aspen Law & Business, 2000). 引注为：
- ［美］林·罗扑基与伊丽莎白·欧伦（Lynn M. LoPucki & Elizabeth Warren）：*Secured Credit: A Systems Approach*（《担保物：系统解说》）700 页［亚司平法律与商务出版社（Aspen Law & Business），2000 年］。

JH Baker, *An Introduction to English Legal History* 15 (Butterworths, 1990). 引注为：
- ［英］JH 贝克（JH Baker）：*An Introduction to English Legal History*（《英国法律史》）15 页［巴特奥司出版社（Butterworths），3 版，1990 年］。

3.2 日文

可按以上中国著作的引注格式。

示例：
- ［日］三ケ月章：《民事訴訟法》125 页（弘文堂，3 版，1992 年）。

4. 杂志文章

4.1 英文

引注的基本要素和规则:

作者:"文章标题",《杂志名称》卷号引文页(出版年份)。

示例一:

L. Ray Patterson, *Legal Ethics and the Lawyer's Duty of Loyalty*, 29 Emory L. J. 915 (1980). 引注为:

- [美]L. 罗依·比德生(L. Ray Patterson):"法律道德与律师的职业忠诚"(*Legal Ethics and the Lawyer's Duty of Loyalty*),《艾莫雷法学杂志》(Emory Law Journal)29卷915页(1980年)。

示例二:

J. R. Spencer, *Strict Liability and the European Convention*, 63 the Cambridge L. J. 10 (2004). 引注为:

- [英]J. R. 司宾塞(J. R. Spencer):"严格责任制与欧洲公约"(*Strict Liability and the European Convention*),《剑桥法学杂志》(the Cambridge Law Journal)63卷10页(2004年)。

4.2 日文

可按以上中国杂志文章的引注格式。

示例:

- [日]末弘嚴太郎:"物権的請求権理論の再検討",《法律時報》11卷5号1页(1939年)。

5. 国际法律文献

国际法律文献主要有国际公约、判例、仲裁裁决书。如果引用的

规范五（Rule 5 or R5） 外文文献的引注

条约、公约、宣言、议定书、国际惯例等法律文件是中国已经参加或采纳的，并且引注的版本是中文版，引用规则请看前述规则 2.4（Rule 2.4）。Rule 5.5 讨论英文版的国际法律文献如何引注。

5.1 国际公约

国内尚无大型出版物或数据库比较全面地收集出版英文版的国际公约（或条约）。

中华人民共和国签订的双边、多边条约和加入的国际公约中文文本的正式出版物是由外交部编的《中华人民共和国条约集》和《中华人民共和国多边条约集》。但这两个出版物的出版周期都很长，好在北大法律信息网（北大法宝）现已收集了大部分这类国际条约和公约的中文版。所以在引注出版源时，可用北大法律信息网作为出版源。

基本引注要素和格式要求：

《条约或公约标题》引注条文条码发布或签订日期，出版源。

示例：

● 《中华人民共和国和泰王国引渡条约》第 5 条（1994.03.05），载"北大法宝"，【法宝引证码】CLI.T.240。

国际法判例和仲裁裁决书的引注的格式可参照以上外国判例的引注格式。国际法判例主要是"国际法院"（International Court of Justice）、国际刑事法院（International Criminal Court）、欧盟法院（Court of Justice of the European Communities）等国际性法庭的判例。国际仲裁裁决书主要是"投资争端国际解决中心"（International Centre for Settlement of Investment Disputes, ICSID）、"国际商会下的国际仲裁庭"（International Court of Arbitration under the International Chamber of Commerce）、"世界知识产权组织下的仲裁调解中心"（Arbitration and Mediation Center under WIPO）等国际性仲裁庭的裁决书。在我国国内，这些国际法判例或仲裁裁决书都没有系统的出版，但它们的英文版本大多能在这些国际法院或国际仲裁庭的网站上找到。所以，有关出版源的引注，主要是引注它们的网站。

第二部分 附 录

附录一　北大法宝引证码说明

一、北大法宝引证码缘起

"北大法宝引证码"缘起2004、2005年在北大法学院召开的两次"中国法律文献引用注释标准论证会"。2004年6月和2005年5月,在北京大学法学院召开了两次"中国法律文献引用注释标准论证会",该会由美国华盛顿大学法学院图书馆罗伟博士提议,北大法制信息中心主办。2007年,根据会议的成果,由罗伟博士主编的《法律文献引证注释规范》(建议稿)一书由北大出版社正式出版,该书系法律引证注释领域内的开篇之作,在业界引起了广泛影响。

根据罗伟博士的研究成果和建议,针对国内法律文献引用领域对法律数据库引证码研究的空白及对法律数据库和网络资源引证不规范的现状,"北大法宝"萌发了建立一套法律数据库引证码规范的想法。通过对美国通行引注标准《蓝皮书:统一注释体系》的深入研究,借鉴其模式,同时根据法律数据库的内容体系、构架及发展趋势,"北大法宝"积极探索,自主研发出一套专业化程度高、实用性强的引证编码体系。希望以此推动业内对法律信息引证码体系的重视,建立法律数据库引证码规范,引领该领域引证码的发展方向,开创法律信息检索领域引证先河。

二、北大法宝引证码规范

"北大法宝引证码"主要用于法律文献的引证注释和查询检索服务,现已在"北大法宝"的数据库中全面应用。"北大法宝引证码"的统一标志为 CLI,即"Chinalawinfo"的简写,意即中国法律信息编码,同时涵盖"北大法宝"之意。中文部分编写体例为"CLI.文件类型代码.文件编码",英文部分编写体例为"CLI.文件类型代码.文件编码(EN)",其中文件编码具有唯一性。

下面分述各库的引证码编写规范。

(一)法律法规
  1. 文件类型代码
  法律:1
  行政法规:2
  司法解释:3
  部门规章:4
  团体规定:5
  行业规定:6
  军事法规:7
  军事规章:8
  军事规范性文件:9
  地方性法规:10
  地方政府规章:11
  地方规范性文件:12
  地方司法文件:13
  2. 例如:《中华人民共和国保险法》(2009 年 2 月 28 日修订)
  北大法宝引证码为:CLI.1.113980

（二）司法案例
    1. 文件类型代码：C（case）
    2. 例如：郑筱萸受贿、玩忽职守案
    北大法宝引证码为：CLI.C.99328

（三）法学期刊、论文
    1. 文件类型代码：A（Article）
    2. 例如：陈兴良：《四要件：没有构成要件的犯罪构成》
    北大法宝引证码为：CLI.A.1143788

（四）中国香港法律法规
    1. 文件类型代码：HK（Hong Kong）
    2. 例如：第1085章 教育奖学基金条例
    北大法宝引证码为：CLI.HK.922751091

（五）中国澳门法律法规
    1. 文件类型代码：MAC（Macau）
    2. 例如：第10/2008号行政法规，修改《法定收藏制度》
    北大法宝引证码为：CLI.MAC.1090526181

（六）中国台湾法律法规
    1. 文件类型代码：TW（Taiwan）
    2. 例如：粮食标示办法
    北大法宝引证码为：CLI.TW.939528640

（七）中外条约
    1. 文件类型代码：T（Treaty）
    2. 例如：中华人民共和国与美利坚合众国联合声明
    北大法宝引证码为：CLI.T.100670294

（八）外国法律法规

    1. 文件类型代码：FL（Foreign law）

    2. 例如：日本农业机械化促进法

    北大法宝引证码为：CLI.FL.67109636

（九）合同范本

    1. 文件类型代码：CM（Contract model）

    2. 例如：产品销售合同范本

    北大法宝引证码为：CLI.CM.268441748

（十）法律文书

    1. 文件类型代码：LD（Legal documents）

    2. 例如：安全生产行政执法文书行政处罚告知书

    北大法宝引证码为：CLI.LD.285216350

（十一）案例报道

    1. 文件类型代码：CR（Case report）

    2. 例如："售楼先生"骗女友冒领客户2万元　法院判决诈骗罪徒刑9个月

    北大法宝引证码为：CLI.CR.1258423367

（十二）仲裁裁决与案例

    1. 文件类型代码：AD（Arbitration documents）

    2. 例如：仲裁条款效力争议案裁决书

    北大法宝引证码为：CLI.AD.234881443

（十三）立法背景资料

    1. 全国人大常委会工作报告

    文件类型代码：WR1（Work report of the NPC Standing Committee）

例如:中华人民共和国第十一届全国人民代表大会第四次会议全国人民代表大会常务委员会工作报告

北大法宝引证码为:CLI.WR1.1090522603

2. 国务院政府工作报告

文件类型代码:WR2（Work report of the State Council）

例如:中华人民共和国第十一届全国人民代表大会第四次会议政府工作报告

北大法宝引证码为:CLI.WR2.1090522593

3. 最高人民法院工作报告

文件类型代码:WR3（Work report of the Supreme People's court）

例如:中华人民共和国第十一届全国人民代表大会第四次会议最高人民法院工作报告

北大法宝引证码为:CLI.WR3.1090522604

4. 最高人民检察院工作报告

文件类型代码:WR4（The Supreme People's Procuratorate working report）

例如:中华人民共和国第十一届全国人民代表大会第四次会议最高人民检察院工作报告

北大法宝引证码为:CLI.WR4.1090522605

5. 立法草案及其说明数据

文件类型代码:DL（The draft of legislation）

例如:进出口许可证证书管理规定（修订征求意见稿）

北大法宝引证码为:CLI.DL.1090522698

6. 全国人大常委会执法检查

文件类型代码:LEI（law enforcement inspection）

例如:全国人民代表大会常务委员会执法检查组关于检查《中华人民共和国节约能源法》实施情况的报告（2010）

北大法宝引证码为:CLI.LEI.1090522590

7. 中国政府白皮书

文件类型代码：WP（White papers）

例如：中国的反腐败和廉政建设

北大法宝引证码为：CLI.WP.1090522569

8. 有关法律问题答记者问

文件类型代码：AR（Answer reporters）

例如：国家预防腐败局办公室负责同志就《国务院办公厅转发人民银行监察部等部门关于规范商业预付卡管理意见的通知》有关问题答记者问

北大法宝引证码为：CLI.AR.1090522701

（十四）法律法规、案例、期刊论文英文译本

1. 文件类型代码与中文部分相同；

2. 例如：Law of the Application of Law for Foreign-related Civil Relations of the People's Republic of China《中华人民共和国涉外民事关系法律适用法》（2010.10.28）

北大法宝引证码为：CLI.1.139684（EN）

三、北大法宝引证码的使用

目前，VIP 和法宝 5.0 的文件均有法宝引证码的专门字段，现在法宝引证码的检索地址是 http://www.pkulaw.cn/fbm，在检索框中输入北大法宝引证码可检索到具体文件。在地址栏中输入 http://www.pkulaw.cn/后加具体法宝引证码，也可查询到具体文件。例如输入：http://www.pkulaw.cn/CLI.1.153700，可检索到《中华人民共和国个人所得税法（2011 修正）》这篇文件。

凡购买《北大法宝法律人高级助手书系》的读者，在"北大法宝"数据库网站（www.pkulaw.cn）的地址栏或者引证码检索框中输入北大法宝引证码，即可免费参考使用书中所引用的资料。

文件类型代码含义对照图

编码规范:CLI.文件类型代码.文件编码

库名	文件属性	文件类型代码
中央法规司法解释		
	法律	1
	行政法规	2
	司法解释	3
	部门规章	4
	团体规定	5
	行业规定	6
	军事法规	7
	军事规章	8
	军事规范性文件	9
地方法规规章		
	地方性法规	10
	地方政府规章	11
	地方规范性文件	12
	地方司法文件	13
港澳台法律法规		
	香港法律法规	HK
	澳门法律法规	MAC
	台湾法律法规	TW
合同与文书范本		
	合同范本	CM
	法律文书	LD
立法背景资料		
	全国人大常委会工作报告	WR1
	国务院政府工作报告	WR2
	最高人民法院工作报告	WR3
	最高人民检察院工作报告	WR4

	立法草案及其说明数据	DL
	全国人大常委会执法检查	LEI
	中国政府白皮书	WP
	有关法律问题答记者问	AR
中外条约		T
外国法律法规		FL
案例与裁判文书		C
案例报道		CR
仲裁裁决与案例		AD
法学期刊法学文献		A
英文译本		文件编码后缀为(EN)

"北大法宝"引证码编写组
2011 年 8 月

附录二 国外主要法律引注标准简介与参考

本章简单介绍用外文书写法律文书并在国外发表或出版时,应如何引注所引用的文献。各个国家总有自己的文献引注标准,甚至有些国家单单在法律引注方面就有数个标准,如美国法学院办的《法学评论》,大多采用《蓝皮书:统一注释体系》(The Bluebook: A Uniform Citation System),①而法律出版社则用各自的引注标准(当然,这些出版社的引注标准与《蓝皮书:统一注释体系》的标准很相似)。所以,当您要用外文书写法律文书并在国外发表或出版时,应当向出版社或杂志社询问引注标准,或采用该国法律界最通行的引注标准。

法国和德国没有专门用于法律文书的引注指南或标准。在法国,法律文书的引注标准主要是按一本称为《如何引注文献》(Comment rédiger une bibliographie)的指南来引注,但该书不是专门为法律学科设立的。德国情况也是如此,它只有一些书籍介绍德国法律术语专有名词的缩略语,如 Kirchner/Butz: Abkürzungsverzeichnis der Rechtssprache (Berlin: De Gruyter Recht, 2003)。与法国、德国相反,日本和英美法系主要国家都有一套比较通行的法律引注标准。以下介绍在美国、英国、日本法律界最通行的引注标准,以供参考。

---

① The Bluebook: A Uniform Citation System (Cambridge, Mass.: Harvard Law Review Association, 1991—) (Compiled by the editors of the Columbia Law Review, the Harvard Law Review, the University of Pennsylvania Law Review, and the Yale Law Journal).

1. 美国《蓝皮书》有关美国法律文献的引注规则

在美国法律界最通行的引注标准是《蓝皮书:统一注释体系》,简称《蓝皮书》。《蓝皮书》是由哈佛、耶鲁、哥伦比亚和宾夕法尼亚这四所大学的法学评论社的编委会联合制定的,并由哈佛大学法学评论社出版发行。为了自身的经济利益和版权保护,《蓝皮书》没有免费的网络版。在其网站上(http://www.legalbluebook.com/),非订户仅能见到非常简单的介绍和订购信息。目前,最新版的《蓝皮书》是于2010年出版的第19版,其篇幅有511页之长。在此,根据《蓝皮书》中的引注规则,列举一些实例作为参考。

1.1 成文法(Statutes)

1.1.1 宪法
基本引注要素和规则:

《美国宪法》的缩写 条款。

示例:

《美国宪法》第1条第9款第2项,引注为:
- U.S. Const. art. I, § 9, cl. 2.

示例:

《美国宪法》第14修正案第2条,引为:
- U.S. Const. amend. XIV, § 2.

1.1.2 《美国法典》(United States Code)
《美国法典》一共有50篇(50 titles),每篇为一个大主题。每篇下设章(chapter),章下设分章和条款(section),所以《美国法典》的引注,要引其篇和条款。

基本引注要素和规则:

附录二 国外主要法律引注标准简介与参考

篇号《美国法典》的缩写 条款号(出版年份)。

示例：

《美国法典》19 篇 2411 条(2010 年版)，引为：
- 19 U.S.C. § 2411 (2010).

示例：

1979 年出口贸易管制法，后编入《美国法典》第 50 篇附录第 2410—2420 条（2006 年版），引为：
- Export Administration Act of 1979, 50 U.S.C. app. §§ 2401—2420 (2006).

1.1.3 单行法律

基本引注要素和规则：

法律名称及其颁布年份，公法号，条款号，篇号《美国联邦法律总汇》(United States Statute at Large)的缩写 条款号（颁布年份）（修改篇号《美国法典》简称 条款号）。

示例：

1996 年经济间谍法，公法 104-294 号，第 201 条，《法律总汇》110 卷 3488 页，第 3491（1996 年）[修改《美国法典》第 18 篇 1030(e)(2)条]，引为：
- Economic Espionage Act of 1996, Pub. L. No. 104-294, § 201, 110 Stat. 3488, 3491 (1996) [amending 18 U.S.C. § 1030(e)(2)].

1.1.4 美国州成文法

基本引注要素和规则：

州法典简称 条款（最新出版年份）

示例：

《密苏里州修正法典》(Missouri Revised Statute)"统一商法典"第二章第 207 条,引注为：
- Mo. Rev. Stat. § 400.2-207 (2004).

1.2 行政法规(Administrative Regulations)

1.2.1 《美国联邦行政法典》(Code of Federal Regulations)

基本引注要素和规则：

篇号《美国联邦行政法典》的缩写条款号（出版年份）。

注意:《美国联邦行政法典》每年全套更新一次,所以最好是引注最新版的法典。

示例：

《美国联邦行政法典》第 7 篇第 319 条(2010 版),引注为：
- 7 C.F.R. § 319 (2010).

如果知道行政规章的名称,应加上。

示例：
- FTC Credit Practices Rule, 16 C.F.R. § 444 (2004).

引注尚未编入《美国联邦行政法典》的行政法规时,应注明《法规名称》、篇号《联邦公报》(Federal Register or Fed. Reg.)首页、引文页（出版年份）（将被编入《美国联邦行政法典》的篇、部）。

示例：
- Importation of Fruits and Vegetables, 60 Fed. Reg. 50, 379, 50, 381 (2004) (to be codified at 7 C.F.R. pt.300).

1.3 判例

西方集团出版社(West Group,前称 West Publishing)汇编出版的"判例汇编系列"(Reporter System)是美国最全面和权威的判例出版物。它不仅包括所有美国最高法院和联邦各个巡回法院(circuit court)的判例,也包括每个州的判例。所以,有可能的话,最好引注西方集团出版社出版的判例汇编。而且美国联邦和州的判例都能在"西法"(Westlaw)的数据库里找到。①

1.3.1 美国最高法院和联邦巡回法院的判例

基本引注要素和规则:

《原告名诉被告名》,卷号 判例集的英文缩写简称 页码(法院名简称(最高法院可免)判决年份)。

示例:

《布朗诉教育局》,《美国最高法院判例汇编》349 卷,94 页(1955年),引注为:

- *Brown v. Board of Education*, 349 U.S. 294 (1955).

《麦克亨利诉佛罗里达州律师协会》,《联邦判例汇编(第三系列)》21 卷 1038 页(第 11 巡回上诉法院,1994 年),引注为:

- *McHenry v. Florida Bar Association*, 21 F.3d 1038 (11th Cir. 1994).

1.3.2 州判例

基本引注要素和规则:

原告名诉被告名,篇号 判例集简称 页码 [州名简称 法院名简称(地方最高法院可免)判决年份]

---

① 如果想检索免费的美国联邦判例和 1997 年以后各州的判例,各可利用以下"the Library of Public Law"网站上的导航:http://www.plol.org/Pages/Search.aspx。

示例：

登载在《东北判例汇编》(Northeastern Reporter)第二系列，第707卷第189页的伊利诺伊州第一区上诉法院判决的"MBNA AM 银行诉卡多索案"，引注为：

- *MBNA Am. Bank*, *N. A. v. Cardoso*, 707 N. E. 2d 189 (Ill. App. 1st Dist. 1998).

1.4 著作

基本引注要素和规则：

作者，书标题 引文页（版本，出版社，出版年份）。

示例：

- Lynn M. LoPucki & Elizabeth Warren, *Secured Credit: A Systems Approach* 700 (3d ed., Aspen L. & Bus. 2000).

1.5 杂志文章

基本引注要素和规则：

作者，文章标题，篇号 杂志名称的缩写 文章的头页，引文页（出版年份）。

示例：

- L. Ray Patterson, *Legal Ethics and the Lawyer's Duty of Loyalty*, 29 Emory L. J. 909, 915 (1980).

2. 美国《蓝皮书》有关中国法律文献的引注规则

鉴于现在不少中国法律人用英文写文章、著作在美国出版发表，或书写其他法律文书，与美国的司法部门、商人、律师交往。所以，这一节专门介绍如何按美国《蓝皮书》的要求，引注中国法律文献。以下规则结合了中国法律文献的特点与《蓝皮书》2010年第19版第208—312页中的有关中国法律文献引注的规定。①

2.1 专门规则

《蓝皮书》不仅规定了美国法律文献的引注要素和格式,也制定了外国和国际法律文献引注的标准,而且列举了36个主要国家和地区(包括中国大陆、香港和台湾地区)的法律文献引注的特别规则。根据《蓝皮书》的有关规则,引用中国法律文献时,首先要注意以下几个专门规则:

2.1.1 引用的文献为中文

当引用的文献为中文时,要根据《蓝皮书》中的有关中文的罗马化(Romanize or transliterate)拼音和专有名词的缩略语引注。通常应在题名和专有名词的汉语拼音后用方括号加上英文翻译,但是不能单注英文翻译而不注中文的罗马化拼音。为了方便读者明白中文的原来意思或核对原文或根据编辑的要求,作者可在汉语拼音后用方括号加上中文原文。

示例:

干朝端:"建立以判例法为主要形式的司法解释体制",《法学评论》2001年第3期,137、139页。引注为:

- Gan Chaoduan, Jian li yi pan li fa wei zhu yao xing shi de si fa jie shi ti zhi [Establishment of a Judicial Interpretation System Primarily Based on Case Law], 2001:3 Fa xue ping lun [Law Review] 137, 139.

或

- Gan Chaoduan [干朝端], Jian li yi pan li fa wei zhu yao xing shi

---

① 《蓝皮书》中有关中国法律文献的引注规定是由马伟龙先生(William McCloy)起草的,马伟龙先生是美国法律图书馆界知名的中、日、韩法律文献专家,现已退休,曾任美国华盛顿州立大学法学院玛丽安·高德·加乐加法律图书馆(Marian Gallergher Law Library, University of Washington School of Law)东亚法馆员。

de si fa jie shi ti zhi〔Establishment of a Judicial Interpretation System Primarily Based on Case Law 建立以判例法为主要形式的司法解释体制〕,2001:3 Fa xue ping lun〔Law Review《法学评论》〕137,139.

但不可引注为:

● Gan Chaoduan, Establishment of a Judicial Interpretation System Primarily Based on Case Law, 2001:3 Law Review 137,139.

2.1.2 中文文献罗马拼音标准

应将所有标题、姓名等中文,用罗马拼音将它们罗马化,如"刑法"罗马化为:"*Xing fa*"。即使是引用我国台湾或香港的中文文献,仍然用中国大陆的罗马拼音为罗马化的标准。但是拼音字母的排列和大小写,则要根据美国国会图书馆制定的《最新中文罗马化指南》(*New Chinese Romanization Guidelines*)(http://www.loc.gov/catdir/pinyin/pinyin.html#docs)。除人名、专有名词和地名以外,拼音应按每个汉字分开。① 同时,只有姓名和专有名词,每个拼音组词的第一个拼音字母须要大写,而地名、组织名、机构名、书名、杂志名、文章标题、法规名的第一个字的拼音字母才需要大写,其他小写即可。

示例:

邓小平
● Deng Xiaoping
中华人民共和国
● Zhonghua Renmin Gongheguo
广州市中山经济技术咨询服务中心

---

① 拼音应按每个汉字分开,虽然不符合中文拼音的习惯,但因为现在所有美国图书馆及OCLC(全球最大的文献目录系统)的中文文献的编目都采用美国国会图书馆的这一规定,如不这么做,读者就不一定能在美国的机读目录的系统(online public access cataloging systems)中找到引注的文献。

- Guangzhou Shi Zhongshan jing ji ji shu zi xun fu wu zhong xin

中国法律年鉴
- Zhongguo fa lü nian jian

2.1.3 省略

如果"中华人民共和国"及其汉语拼音或英文出现在政府部门名、法律法规、判例中。

示例：

People's Republic of China…

中华人民共和国

Zhonghua Renmin Gongheguo…

PRC…

…of the People's Republic of China

…of the PRC

引注时，可将它们省略掉。

但是当"中华人民共和国"及其汉语拼音或英文出现在书名或文章标题中时，不要将它们省略掉。在任何情况下，都不要省略"China"、"中国"、"Zhongguo"、"national"、"国家"、"guo jia"、"state"，等。如有说明的必要，可在引注后用括号加上（P. R. C.）。

示例：

Law on Resident Identity Cards(P. R. C.).

不用(Not)：Law of the People's Republic of China on Resident Identity Cards.

Labor Law (P. R. C.).

不用(Not)：Labor Law of the People's Republic of China.

不用(Not)：PRC Labor Law

居民身份证法 Ju min shen fen zheng fa(P. R. C.).

不用(Not):中华人民共和国居民身份证法 Zhonghua Renmin Gongheguo ju min shen fen zheng fa.

Decision of the Standing Committee of the Nat'l People's Cong. on Revising the Regulations on Administrative Penalties for Public Security (P. R. C.)

不用(Not):Decision of the Standing Committee of the National People's Congress on Revising the Regulations of the People's Republic of China on Administrative Penalties for Public Security

2.1.4 案例名称的引注规则

如果案例名含有案由,只需注明当事人名。如《大洋公司诉黄河公司专利实施许可合同纠纷案》只需注明 Dayang gong si su Huanghe gong si(大洋公司诉黄河公司)。又如王利毅、张丽霞诉上海银河宾馆赔偿纠纷案

用:Wang Liyi, Zhang Lixia su Shanghai Yin He bin guan [Wang Liyi & Zhang Lixia v. Shanghai Silver River Hotel 王利毅、张丽霞诉上海银河宾馆]

不用(Not):Wang Liyi, Zhang Lixia su Shanghai Yin He bin guan pei chang jiu fen an [Case of Damages Compensation:Wang Liyi & Zhang Lixia v. Shanghai Silver River Hotel 王利毅、张丽霞诉上海银河宾馆赔偿纠纷案]

2.1.5 缩略词语的运用

《蓝皮书》鼓励使用无论何种语言,在引注法院、政府机构、期刊时,应尽力采用官方的英文缩略词语,如果没有官方的英文缩略词语,则采用常用的英语缩略词语。《蓝皮书》的附表5(Table 5 Arbitral Reporters)至附表16(Table 16 Subdivisions)都是有关法律缩略词语的对照表。如果引注者手头上没有任何英语缩略词语对照表,可采用全称,或在第一次采用全称时,可在全称后面用括号加上自定的缩略词,如 Zhongguo ren min zheng zhi xie shang hui yi quan guo wei yuan hui

[中国人民政治协商会议全国委员会 the National Committee of the Chinese People's Political Consultative Conference]（hereinafter "the Nat'l Comm. of CPPCC"）。

请注意不要缩略引文标题中的部分名词,如不要将《第十届全国人民代表大会第二次会议表决议案办法》(Di shi jie quan guo ren min dai biao da hui di er ci hui yi biao jue yi an ban fa)缩略为《第十届全国人大第二次会议表决议案办法》(Di shi jie quan guo ren da di er ci hui yi biao jue yi an ban fa)。《蓝皮书》还列举了一些有关中国司法、政府机关、公报等常用的法律名词的英文缩略词语,请见本书附录五。

2.2 中华人民共和国宪法

中文版宪法引注规则：

示例：
- 1982年《宪法》第35条第1款

英文版宪法引注规则：

Xian fa [Constitution] art. 35, § 1 (1982) (P.R.C.).

2.3 法律法规

2.3.1 中文文献引注规则

中文法规名称的汉语拼音[英文翻译],制定或颁布权力机关、发布日期、生效日期（P.R.C.）,即：

⟨Chinese name of legal document in pinyin⟩⟨[translated or shortened name in English]⟩⟨(enacting/adopting authority, promulgation date, effective date)⟩⟨(P.R.C.)⟩.

例

《立法法》、《居民身份证法》可引注为：

- Li fa fa〔Legislation Law〕（promulgated by the Standing Committee of the Nat'l People's Cong., Mar. 15, 2000, effective July 1, 2000）(P. R. C.).

- Ju min shen fen zheng fa〔Law on Residential Identification Card〕（promulgated by the Standing Comm. of the Nat'l People's Cong., June 28, 2003, effective on Jan. 1, 2004）CHINA LAWINFO（last visited October 16, 2011）(P. R. C.).

- 《残疾人保障法》
- Can ji ren bao zhang fa〔Law on the Protection of Disabled Persons〕（promulgated by the Standing Committee of the Nat'l People's Cong., Dec. 28, 1990, effective May 15, 1991）, *translated in Laws and Regulations of the People's Republic of China*（loose-leaf）（Beijing: China Legal Publishing House, 2001）(P. R. C.).

- 《药品监督行政处罚程序规定》
- Yao pin jian du xing zheng chu fa cheng xu gui ding〔Provisions on Procedures for Administrative Penalties of Drug Supervision〕（promulgated by the State Food & Drug Administration, Mar. 28, 2003, effective July 2, 2003）CHINALAWINFO（last visited October. 16, 2011）(P. R. C.).

2.3.2 引用文献为英文翻译

如果引用的文献为英文翻译版本或中英对照版本，用登在《北大法律信息网》（北大法宝）(Chinalawinfo.com)中国法制出版社出版的《中华人民共和国涉外法规汇编(1999)》上的《中华人民共和国合同法》为例，可按以下两种引注规则处理：

(1) 单引英文翻译版本而不引中文版本

Contract Law (promulgated by the Nat'l People's Cong., Mar. 15, 1999, effective Oct. 1, 1999) art. 38, translated in Law Info China (last visited October 28, 2011) (P.R.C.).

He tong fa [Contract Law] (promulgated by the Nat'l People's Cong., Mar. 15, 1999, effective Oct. 1, 1999), art. 38, 1999 *She wai fa gui hui bian* 85 (P.R.C.).

(2) 引注中文原文和英文翻译版本

He tong fa [Contract Law] (promulgated by the Nat'l People's Cong., Mar. 15, 1999, effective Oct. 1, 1999), art. 38, 1999 *She wai fa gui hui bian* 85, *translated in* Law Info China (last visited August 15, 2005) (P.R.C.).

如果引用的文献有英文翻译版本,且英文翻译版本具有权威性,应尽力引用该英文翻译版本。如在引用法律和法规时,若引用的法律法规的英文版本包含在人大常委会法工委编译的《中华人民共和国法律(英文)》(Laws of the People's Republic of China)里,可引注该出版物。但是,《中华人民共和国法律(英文)》自1987年以来,每年才出版一册,而且英文翻译的中国法律法规毕竟有限。国内目前最大的英文版的中国法律数据库是在北大法律信息网的英文网站上的"Laws and Regulations"(http://www.law Info China.com),虽然不是官方的翻译版本,但因其翻译较准确,所以建议尽量引用该网站上的英文版的中国法律法规。如果引用的法律文献能在其他出版物或网站上找到,也可注明英文翻译版本的出版物或网站。

示例:
《中华人民共和国反不正当竞争法》的英文翻译出版在由美国William S. Hein出版公司的 Competition Law in China 一书中,该法律

英文翻译版的引用,可引注为:
- The Anti Unfair Competition Law of the PRC (promulgated by the Standing Comm. Nat'l People's Cong., Sept. 2, 1993) *translated in* Chaowu Jin & Wei Luo, Competition Law in China 211 (Hein, 2002) (P. R. C.).

示例:

在北大法律信息网的英文网站上有《建设项目用地预审管理办法》的英文翻译,该法可引注为:
- *Measures for the Administration of Preliminary Examination of the Land Used for Construction Projects* (promulgated by the Ministry of Land and Resources, Oct. 29, 2004, effective Dec. 1, 2004) *translated in* Law Info China (last visited June 14, 2012) (P. R. C.).

2.4 案例、审判文书、裁判文书

中文案例引注规则:

汉语拼音案例名[可加英文翻译/中文原文](法院,判决年)(PRC)可加引源。

或

汉语拼音案例名[可加英文翻译/中文原文]判例汇编(法院,判决年)(PRC)。

示例:

- 《大洋公司诉黄河公司专利实施许可合同纠纷案》
- *Dayang gong si su Huanghe gong si* [*Dayang Co. v. Huanghe Co.* 大洋公司诉黄河公司] (Supreme People's Court, 2003) (PRC), available at http://law. law Info China. com [【法宝引证码】CLI. C. 67352 (EN), last visited October 29, 2011].

- 《王利毅、张丽霞诉上海银河宾馆赔偿纠纷案》
- *Wang Liyi, Zhang Lixia su Shanghai Yin He bin guan* [*Wang Liyi & Zhang Lixia v. Shanghai Silver River Hotel* 王利毅、张丽霞诉上海银河宾馆] 2001 Supreme People's Court Gazette. 55 (Supreme People's Court, 2001) (P.R.C.).

- 《国债回购争议仲裁案裁决书》
- *Guo zhai hui gou zheng yi zhong cai an cai jue shu* [Arbitration Award on the Dispute of National Debat Buy-back 国债回购争议仲裁案裁决书] [Zhongguo guo ji jing ji mao yi zhong cai wei yuan (China International Economic and Trade Arbitration Commission 中国国际经济贸易仲裁委员会), 2001.11.08]。载《北大法律信息网》,北法仲裁 234881295。

- 《电梯货款争议仲裁案裁决书》
- *Dian ti huo kuan Zheng yi zhong cai an cai jue shu* [Arbitration Award on Elevator Loans Dispute 电梯货款争议仲裁案裁决书 2000/8/31] [Zhongguo guo ji jing ji mao yi zhong cai wei yuan hui cai jue shu hui bian 2004.4 [Arbitration Award Compilation of the China International Economic and Trade Arbitration Commission《中国国际经济贸易仲裁委员会裁决书汇编(2000.4)》]。法律出版社 2004 年版,2184 页。

2.5 著作

中国人名包括作者姓和名的汉语拼音顺序,应按汉语的习惯。例如:

Zhu Sanzhu, *Securities Regulation in China* 8—13 (2001).
Zhu Sanzhu, *supra* note 31, *at* 127.

中文著作有撰稿人的引注规则:

作者汉语拼音姓名,汉语拼音著作题名[可加英文翻译/中文原文]引文页(出版社,出版年份)。

示例:

- Wang Liming［王利明］, *Si fa gai ge yan jiu*［*Judicial Reform Studies*《司法改革研究》］197（Fa Lü chu ban she, 2000）.
- He Weifang［贺卫方］, *Si fa de li nian yu zhi du*［*Judicial Concepts and System*《司法的理念与制度》］122（Zhongguo zheng fa da xue chu ban she, 1998）

中文编著著作的引注规则:

汉语拼音著作题名[可加英文翻译/中文原文]引文页(主编汉语拼音姓名 et al. ed.,出版社,出版年份)。

Zhongguo fa zhi tong shi［*Chinese Legal History*《中国法制通史》］vol. 9, at 295—297［Zhang Jinfan, et al. ed.（张晋藩等编）, Fa lü chu ban she, 1999］.

Xin Zhongguo fa zhi jian she 40 nian yao lan（1949—1988）［the Outlines of the Forty Years of Legal Construction in New China（1949—1988）《新中国法制建设四十年要览（1949—1988）》］85（Qun zong chu ban she, 1990）

引注名人的著作时,无须引注作者姓名,如"湖南农民运动考察报告",载《毛泽东选集》第20卷23页（人民出版社1964年版）,引注为:

Hunan nong min yun dong kao cha bao gao［The Study on Hunan Peasants' Movement］, in Mao Zedong Xuan Ji［The Collection of Mao Zedong's Works］20, 23（Ren min chu ban she, 1964）.

2.6 杂志文章

美国大多数的期刊每年为一卷(volume),每卷可有数期(issues)(如月刊每卷有12期、季刊每卷有4期),同一卷中从第一期到最后一期都采用连续的页码。所以,《蓝皮书》规定,期刊的卷和期的引注格式主要是:卷号 杂志名称文章的头页,引文页(出版年份)。

但是中国的期刊大都是每一期有个期号和总期号,而且每一期的页码都是从第一页开始。在这种情况下,中国期刊的引注格式可以是:年月或年:期号 杂志名称的汉语拼音[可加文章标题的英文翻译]文章的头页,引文页;或 总期号 杂志名称的汉语拼音[可加文章标题的英文翻译]文章的头页,引文页(出版年月)。

引注基本要素和规则:

作者姓名的汉语拼音,文章标题的汉语拼音[可加文章标题的英文翻译],卷号或年月或年:期号 杂志名称的汉语拼音[可加文章标题的英文翻译]文章的头页,引文页(出版年份)。

示例:

2001年第3期《法学评论》中的"建立以判例法为主要形式的司法解释体制"一文的引注:

- Gan Chaoduan[干朝端], Jian li yi pan li fa wei zhu yao xing shi de si fa jie shi ti zhi [Establishment of a Judicial Interpretation System Primarily Based on Case Law 建立以判例法为主要形式的司法解释体制], 2001:3 Fa xue ping lun [Law Review《法学评论》] 137, 139.

2002年11月《法律与生活》中"'先例判决'震动法律界"一文的引注:

- Cao Yong & You Wenli, "*Xian li ban jue*" *zhen dong fa lü jie* ["先例判决"震动法律界 or the Adoption of "Judgments as Precedence" Shock the Legal Community] 2002-11 Fa lü yu sheng huo [Law and Life or《法律与生活》]4.
- Han Junjie[韩俊杰], Henan Li Huijuan shi jian zai qi bo lan [*The Case of Henan's Li Huijuan Stirs up again*《河南李慧娟事件再起波澜》](February 6, 2004), reported at the website of Zhongguo qin nian bao

- 《中华人民共和国和美利坚合众国的政府关于互免海运、空运企业运输收入税收的协定》第3条(1982.03.05)(载"找法网"),China. findlaw. cn/fagui/p_11170487. html.

例二:

《中华人民共和国和泰王国引渡条约》第5条(1994.03.05)(载"北大法宝",【法宝引证码】CLI. T. 240),引注为:
- Treaty of Extradition, March 5, 1994, China-Thailand, art. 5, available at www. lawinfochina. com.

3.1.2 多边条约或国际公约的基本引注要素和格式

Title of agreement(条约或公约标题)date of signing(签订日期)article cited(引注条文条码)publication source(出版源)。

示例:

- Treaty on the Non-Proliferation of Nuclear Weapons, *opened for signature* July 1, 1968, 729 U. N. T. S. 161.
- Intergovernmental Agreement on the Asian Highway Network, November 18, 2004, available at the United Nations, http://untreaty. un. org/English/notpubl/XI_B_34_E. pdf.
- Shanghai Cooperation Organization's Charter(SCO)[《上海合作组织成员国元首宣言》], May 29, 2003, available at the Chinalawinfo. com.
- U. N. Convention on International Sale of Goods [《联合国国际货物销售合同公约》], 1980, art. 5.

3.2 国际判例

按《蓝皮书》的规定,国际判例的基本引注格式和美国判例相似,即判例名或原告名 v. 被告名 判例集的卷页(年月).

3.2.1 国际法院(International Court of Justice and Permanent Court of International Justice)

示例:
- Military and Paramilitary Activities (Nicar. v. U. S.), 1986 I. C. J. 14 (June 27).

3.2.2 欧盟法庭(Court of Justice of the European Communities)

示例:
- Case C-213/89, Inter-Am. C. H. R. 61, OEA/ser. I./R. 19. 23, doc. 25 rev. 3(1969).

3.2.3 欧洲人权法庭(European Court of Human Rights)

示例:
- Ireland v. United Kingdom, 23 Eur. Ct. H. R. (ser. B) at 3 (1976).

3.3 联合国文献
3.3.1 联合国大会决议的引注格式
resolution number(决议号码), issuing organ(发布机构), session number(第 X 次会议), supplement containing the resolution(含有决议的补充文件), page cited (引文页), U. N. document number(联合国文件编码) year of resolution(决议年份).

示例:
- G. A. Res. 832, U. N. GAOR, 9th Sess., Supp. No. 21, at 19, U. N. Doc. A/2890 (1954).

3.3.2 联合国官方档案(United Nations Official Record)

示例：
- U. N. GAOR, 10th Sess. , Supp. No. 6A, at 5, U. N. Doc. A/2905 (1955).

3.3.3 《联合国宪章》(U. N. Charter)

示例：
- U. N. Chater art. 2, para. 4.

4. 英国

在英国,最著名的法律引注标准是《牛津法律权威引注标准》(The Oxford Standard for the Citation of Legal Authorities 简称 OSCOLA)。它是由牛津大学法学院的英联邦法律杂志社(Oxford University Commonwealth Law Journal)在与主要法律出版社协商之后制定的,并登在其网站上(http://denning.law.ox.ac.uk/published/oscola.shtml)。

4.1 英国成文法

英国成文法只是汇编成册,但没有法典化,所以引注时,应加上单行法律的名称。

引注规则：

法律名称及其颁布年份,UK(大不列颠简称) 章序号。

示例：

英国"1992 年社会保险缴纳与福利法"第四章,引注为:
- Social Security Contributions and Benefits Act 1992 (UK) c 4.

4.2 判例

引注规则：

原告名 v. 被告名（判决年份）卷号 判例集简称 页码（法院名简称）。

示例：

Gotha 市 诉 Sotheby 1998 年《判例周报》第一卷 114 页（上诉法院），引注为：

- *Gotha City v. Sotheby's* [1998] 1 WLR 114 (CA).

4.3 著作

引注规则：

作者 书标题（版本 出版社 出版地 出版年份）引文页。

示例：

- JH Baker *An Introduction to English Legal History* (3rd edn Butterworths London 1990) [10]—[14].

4.4 杂志文章

引注规则：

作者，"文章标题"，(出版年份) 卷号 杂志名称的缩写 文章的头页，引文页。

示例：

- D Chalmers and R Schwartz '*Rogers v. Whitaker* and Informed Consent in Australia: A Fair Dinkum Duty of Disclosure' (1993) 1 Medical L Rev 142, 142.

5. 日本

20世纪80年代末,日本主要法律书籍和杂志出版社的编辑们成立了一个委员会(日文原文为"法律编集者懇話会"),制定了一套统一的法律引注指南,并于1989年编著出版了《法律文献等之引用方法(试案)》[《法律文献等の出典の表示方法(试案)》],该引注方法得到了众多的日本法学协会的接受,从而成为日本统一的法律引注指南。该引注方法于1993年和1997年被修订改版过两次,自1998年以来,每年根据法律界的建议更新一次。[①]

5.1 成文法

日本《法律文献等之引用方法》只规定引注法律时,应按其制定的"法例名の略語"(法令简称)引注法律名称,但没有具体规定如何引注条款和年份,如《行政事件诉讼法》为《行诉》,《行政不服审查法》为《行审》。

5.2 判例

日本《法律文献等之引用方法》只规定引注判例时,应按其制定的"判例集・判例评释书志的略称"(判例集・判例分类分册简称)引注判例汇编及其年代、卷、号、页,但没有具体规定如何引注判例名称。

引注规则:

法院名简称 判决年日月 判例集简称 卷号开始页码 引文页码。

示例:

《最高裁判所裁判集(民事集)》37卷8号,判例开始页1282页,引文页1285页,昭和58年10月7日),引注为:

- 最判昭和58年10月7日,民集37卷8号,1282页。

[①] 《法律文献等の出典の表示方法》的全文刊登在神户大学法学院的网站上(http://www.law.kobe-u.ac.jp/citation/mokuji.htm)。

5.3 著作

引注规则：

执笔者名(书名)引文页（出版社、版本、发行年）。

示例：
- 三ケ月章《民事诉讼法》，125 页（弘文堂、第 3 版、1992）。

5.4 杂志文章

引注规则：

执笔者名"論文名"杂志名 卷 号（发行年）引文页。

示例：
- 末弘严太郎"物权的请求权理论の再检讨"，法时 11 卷 5 号，(1939) 1 页以下。

附录三　中国一次文献（主要规范性）出版物及其一览表

1. 全国性法律和行政法规

因为多数法律和行政法规汇编都是将这两种一次文献汇编在一起出版，所以，以下将它们列在一起。

《中华人民共和国立法法》对国内制定法规定了颁布及出版方式：第52条规定："签署公布法律的主席令载明该法律的制定机关、通过和施行日期。法律签署公布后，及时在全国人民代表大会常务委员会公报和在全国范围内发行的报纸上刊登。在常务委员会公报上刊登的法律文本为标准文本。"第62条规定："行政法规签署公布后，及时在国务院公报和在全国范围内发行的报纸上刊登。在国务院公报上刊登的行政法规文本为标准文本。"

国务院《法规汇编编辑出版管理规定》对法规汇编的出版发行作出规定：（1）法律汇编由全国人民代表大会常务委员会法制工作委员会选择中央一级出版社出版；（2）行政法规汇编由国务院法制局选择的中央一级出版社出版；（3）军事法规汇编由中央军事委员会法制局选择的中央一级出版社出版；（4）部门规章汇编由国务院各部门选择的中央一级出版社出版；（5）地方性法规和地方政府规章汇编由具有地方性法规和地方政府规章制定权的地方各级人民代表大会常务委员会和地方各级人民政府选择的中央一级出版社或者地方出版社出版。

根据以上规定,全国性法律和行政法规的官方出版物主要有以下几种(包括非官方汇编《中华人民共和国法律全书》):

1.1 回溯性法律法规汇编

这类汇编资料多为阶段性法规汇编,一般按大类依时间顺序编排,通过目录查找法律、法规等资料。

1.1.1 《中华人民共和国法律法规全书》(1949—1993)[简称《法律法规全书》(1949—1993)]

全国人大常委会法制工作委员会审定,民主法制出版社1994年出版。共10卷。

1.1.2 《中央人民政府法令汇编》(1949.10—1954.9)[简称《法令汇编》(1949.10—1954.9)]

中央人民政府法制委员会编,人民出版社、法律出版社1952—1959年出版。这是新中国初期政策法令的汇编,共5册。

1.1.3 《中华人民共和国法规汇编》(1954.9—1963.12)[简称《法规汇编》(1954.9—1963.12)]

中华人民共和国法规汇编委员会编,法律出版社1956—1964年出版。共13册。法律出版社从1981年起陆续重印了《中央人民政府法令汇编》和《中华人民共和国法规汇编》,共18册,为查找1949—1963年间的法规条文提供了新的版本。

1.1.4 《中华人民共和国现行法规汇编》(1949—1985)[简称《现行法规汇编》(1949—1985)]

国务院法制局编,人民出版社1987年出版,分专题共7卷本。

1.1.5 《中华人民共和国法律汇编》(1954—2004)[简称《法律汇编》(1954—2004)]

全国人民代表大会常务委员会法制工作委员会编,人民出版社2004年出版。收录了1954—2004年全国人大及其常委会制定的现行有效的法律、法律解释,也收录了部分有关法律问题的决定。

1.2 编年体的法律法规汇编

这类汇编资料大多按年代顺序编排,收录内容和范围有所不同,可通过目录查找法律法规等资料。

1.2.1 《中华人民共和国法律汇编》(简称《法律汇编》)

全国人民代表大会常务委员会法制工作委员会编,人民出版社1995年陆续出版,收录时间始于1979年,现基本按年度出版,已出版至2006年卷。

1.2.2 《中华人民共和国法规汇编》(简称《法规汇编》)

国务院法制办公室编,中国法制出版社从1956年陆续出版。收录时间始于1954年,现在每年出版一册。

1.2.3 《中华人民共和国法律全书》(简称《法律全书》,虽非官方汇编,但收集全、出版及时)

王怀安主编,吉林人民出版社出版。这套书基本上是按年度出版的,第1卷包括1949—1985年,以后差不多每年1卷。随着法律、法规数量增加,每年的汇编分几卷出版。如2006年包括3卷,即第27卷(1—4月)、第28卷(5—8月)、第29卷(9—12月)。编入本书的法律规范包括法律、法规和部分规章以及法律规范性解释。全书各编内部排列顺序为:法律、法规和规章、法律规范性解释。但对某部法律、法规的解释,对某项规章或法律规范性解释的补充内容,因其内容关系密切,编排时,未按上述原则排列,而是将其放在某部法律、法规或规章、法律规范性解释之后,便于读者查阅。为颁布某件法律、法规、规章及法律规范性解释而发布的中华人民共和国主席令、中华人民共和国国务院令及有关通知等文件,其内容没有实体法规定的,书中均未收录。书后附有时间索引。

1.3 最新法律法规汇编

《中华人民共和国新法规汇编》(简称《新法规汇编》)

国务院法制办公室编,中国法制出版社1988年陆续出版。现在每月出版1辑。这是国家出版的法律、行政法规汇编正式版本,是刊登报国务院备案的部门规章的指定出版物。内容收录:法律、行政法规、法规性文件、国务院部门规章、司法解释等。每类中按公布的时间顺序排列。

1.4　活页法律法规汇编

这类汇编的出版方式为活页,定期更新。使用时尽可能先阅读首卷前的说明,以便了解使用方法,提高检索和利用效率。

1.4.1　《中华人民共和国法律法规》(1949—)[简称《法律法规(活页)》]

全国人大法制工作委员会编著,法律出版社出版。全书共12卷,分别是宪法卷,民法商法卷,行政法卷1、行政法卷2、行政法卷3、行政法卷4,经济法卷1、经济法卷2、经济法卷3、经济法卷4,社会法刑法卷,诉讼及非诉讼程序法附录卷。各卷内容按一定专题、时间顺序排列。这套法规汇编为国内收录比较完整的法规汇编,以活页版形式出版,具有代表性,现每年6次更新。

14.2　《Laws and Regulations of the People's Republic of China》(1949—)

国务院法制办公室编著,中国法制出版社出版2001年出版。全书共16卷,内容分别是:v. 1. Contents, v. 2. Constitutional law, v. 3. Civil and commercial law, v. 4—5. Administrative law, v. 6—13. Economic law, v. 14. Social law, v. 15. Criminal law, v. 16. Litigation procedures and non-litigation procedures。第一卷中包括了用户指南、法规目录、按字母顺序编排的目录及按时间排序的目录,以供检索和查询。这套法规汇编为国内第一套收录比较完整的英文法规汇编,活页版形式出版,2004年第一次更新。

2. 司法解释

司法解释一般可以通过《最高人民法院公报》《最高人民检察院公报》《人民法院报》《检察日报》《司法文件选》《中国法律年鉴》

等查询。另外,还有许多司法解释的汇编将一定时间内制定或有效的司法解释分门别类地收录,也是使用的一个途径。如按照年度收集、汇编,根据司法解释涉及的内容分成一定的类别,便于查找。除印刷本资源外,可以利用因特网及法律电子数据库查询司法解释。但是,在利用时注意资源的准确性和权威性。按照汇编的内容范围,司法解释汇编有综合性的汇编,也有专题性的汇编。

2.1 综合性司法解释汇编

2.1.1 《最高人民法院司法解释》

最高人民法院研究室编,法律出版社出版。该书基本上按年度汇编的出版形式,自 2003 年卷起,以不定期连续出版多册。已出版有 2002—2006 各年卷。其内容包括各条司法解释的文本及对该解释的理解与适用。

2.1.2 《法律法规司法解释全书:最新版》

国务院法制办公室编,中国法制出版社 2005 年出版。本书收录了现行有效的重要法律、法规等规范性文件共计 475 件,依照国家立法机关的分类方法,将所收文件按其性质分为七类:宪法类、民法商法类、行政法类、经济法类、社会法类、刑法类、诉讼及非诉讼程序法类。2006 年出版第 2 版,有索引,收录了现行有效的重要法律、法规等规范性文件共计 483 件。

2.1.3 《新编中华人民共和国司法解释全书》(2002—2012)

2002 年至 2005 年书名为《最新中华人民共和国常用司法解释全书》,2006 年至 2012 年改为现书名。

中国法制出版社 2002 年至 2012 年出版。本书集司法解释、请示批复、司法业务文件、相关法律法规、典型案例为一体,分为民事编、民事诉讼编、刑事编、刑事诉讼编、行政诉讼编及国家赔偿编六个部分,每个部分又分为若干子类。附光盘 1 片。

2.1.4 《中华人民共和国最高人民检察院司法解释全集》

最高人民检察院研究室编,法律出版社 2005 年出版。本书收录了迄今最高人民检察院单独或者与有关部门联合制定的现行有效的司法解释和司法解释性文件,包括综合篇、刑法篇等七部分。

2.1.5 《中华人民共和国最高人民法院司法解释全集》(第2卷 1993.7—1996.6)

最高人民法院研究室编,人民法院出版社2000年出版。

3. 地方性法律法规汇编

《立法法》第70条规定:"地方性法规、自治区的自治条例和单行条例公布后,及时在本级人民代表大会常务委员会公报和在本行政区域范围内发行的报纸上刊登。在常务委员会公报上刊登的地方性法规、自治条例和单行条例文本为标准文本。"第77条规定:"部门规章签署公布后,及时在国务院公报或者部门公报和在全国范围内发行的报纸上刊登。地方政府规章签署公布后,及时在本级人民政府公报和在本行政区域范围内发行的报纸上刊登。在国务院公报或者部门公报和地方人民政府公报上刊登的规章文本为标准文本。"

以下是几个省和直辖市法规和规章汇编举要:

3.1 《中华人民共和国地方性法律汇编》(1992—1994)上下册

《中国法律年鉴》编辑部编辑,中国法律年鉴社1995年出版。共2册。

3.2 《北京市法规规章汇编》

北京市人民政府法制办公室编,中国民主法制等出版社出版。包括上册、中册、下册(1949—1997)。此后陆续出版1998年卷—2002年卷、2004年卷、2006年卷—2008年卷。

3.3 《北京市法规规章选编》(1949—2001)

北京市人民政府法制办公室编,中国法制出版社2001年出版。中英文本。本书选择了1949年至2001年10月北京市人民代表大会及其常务委员会制定的地方性法规22件,北京市人民政府制定的规章41件,共63件。分为民主政治建设、权益保护、经济管理、开发区建设管理等9类。

3.4 《江苏省地方性法规汇编》(1980年—2007年)第一、二册

江苏省人大常务委员会法制工作委员会编,中国民主法制出版社出版。计有1980年—2007年度汇编、2005年度汇编、2008年度汇编、2009年度汇编等。

3.5 《浙江省地方性法规汇编》

浙江省人民代表大会常务委员会法制工作委员会编,浙江人民出版社出版。有1979年—1987年卷、1988年—1989年卷、1992年—1994年卷、1998年卷、2000年—2002年卷等。

4. 案例和裁判文书

4.1 《中国案例指导》

最高人民法院、最高人民检察院《中国案例指导》编辑委员会编,法律出版社自2005年陆续出版。这套丛书由最高人民法院和最高人民检察院联合编辑,内容分为民事卷、刑事卷、行政卷,依年度分辑出版。

4.2 《人民法院案例选》

最高人民法院、中国应用法学研究所编,人民法院出版社1992年陆续出版。这是一套连续出版的丛书。已出版的形式有:合订本,分民事、刑事等各卷出版;专辑,选择一些典型案例出版;期刊式连续出版,现每年出版4辑。

4.3 《最高人民法院公布裁判文书》

最高人民法院办公厅编,人民法院出版社出版。这是一种按年度编辑出版的连续出版物,以及出版有2000、2001、2002、2003年本(2004年以后,每年的生效裁判文书改为在网上公布)。收集了最高人民法院各年公布的全部裁判文书,并附有公布案件时的文号。全书根据案件的不同性质,分刑事、民事、行政三大类型对案件进行了排列,以方便读者查阅。

4.4 《中国审判案例要览》

国家法官学院、中国人民大学法学院编,中国人民大学出版社出版。这是一套连续出版的丛书。1992—1995 年卷由中国高级法官培训中心和中国人民大学法学院编写,中国人民公安大学出版社出版。自 1996 年起,由中国人民大学出版社出版。该丛书逐年从全国各级人民法院审结的各类案件中选编部分案例,分卷、按年度出版,各分卷有主编者。分为刑事审判案例卷、民事审判案例卷、商事审判案例卷、行政审判案例卷。由于知识产权审判案例、交通运输审判案例数量较少,不足以独立成卷,故按案例性质分别编入商事卷或刑事卷。

5. 裁决书汇编

这类汇编主要汇集了中国国际经济贸易仲裁委员会、中国海事仲裁委员会的裁决文书。主要如下:

5.1 《中国国际经济贸易仲裁委员会裁决书汇编》

中国国际经济贸易仲裁委员会编,法律出版社 2004 年出版。全书收录 1963—2000 年的裁决文书,共 32 册,3600 余万字。

5.2 《中国国际经济贸易仲裁裁决书选编》

1963—1988 年卷,中国国际经济贸易仲裁委员会编,中国人民大学出版社 1993 年出版。1989—1995 年卷,中国国际经济贸易仲裁委员会编,中国对外经济贸易出版社 1997 年出版。1995—2002 年卷,中国国际经济贸易仲裁委员会编,法律出版社 2002 年出版。全书共 3 卷,即金融、房地产,其他争议卷:投资争议卷、货物买卖争议卷。2003—2006 年卷,中国国际经济贸易仲裁委员会编,法律出版社 2009 年出版,分为上下两卷。

5.3 《中国海事仲裁委员会裁决书和调解书选编》(1984—1988)

中国海事仲裁委员会编,法律出版社 1989 年出版,为汉英对照本。

6. 条约汇编

条约是指国家与国家之间在政治、经济、军事、文化等方面规定其相互间的权利和义务的各种协议的总称。范围包括条约、协定、议定书、换文、联合声明、联合公报等文件。条约资料是法律学习和研究的重要内容之一。查找条约资料,可利用条约汇编或者条约集。条约汇编目录一般按条约签订的时间先后顺序排列,有的汇编依条约内容和缔约国国别分别编排了索引,便于检索。另外,通过一些数据库或者政府网站也可查阅我国签订或加入的国际多边或双边条约或协议等。

6.1 收录1949年新中国建立以来的条约集和汇编

6.1.1 《国际条约集》

新中国成立后,世界知识出版社和商务印书馆从1955年起先后编辑、出版。目前已出版了18集,各集内容按条约签订的时间先后顺序排列。另外,依条约内容和缔约国国别编排了索引。

6.1.2 《中华人民共和国条约集》

外交部编,先后由世界知识出版社、人民出版社、法律出版社陆续出版。各集收录了不同时间中华人民共和国(包括政府和政府各部门)同外国和国际组织签订的条约性文件,第56集为2009年的文件。

6.1.3 《中华人民共和国多边条约集》

外交部条约法律司编,法律出版社1987年出版第一集。该条约集共有9集,2009年出版第九集。其中第6集包括两个附录:中华人民共和国多边条约集第1集至第5集目录索引;中国已参加但未收入多边条约集第1至第6集的条约和条约修正案。

6.2 经济贸易方面的条约公约汇编

6.2.1 《加入世界贸易组织法规文件汇编》

国务院法制办公室编,中国法制出版社2002年出版。该汇编包括上、中、下3册。分别是:上册——中华人民共和国有关法律法规;

中册——中国加入世界贸易组织法律文件（中文本）；下册——中国加入世界贸易组织法律文件（英文本）。

6.2.2 《国际经济条约公约集成》及其《续编》

芮沐编,人民法院出版社1994、1997年出版。该集成收录了中国对外开放以来同有关国家签订的国际经济方面的公约、条约和协定等。具体包括：国际政治经济秩序、国际经济组织、国际投资、国际贸易、国际技术转让、海洋铁路航空运输和国际通讯、知识产权、国际劳工保护、国际环境保护、国际税收、国际经贸争端的解决途径等部分。

6.2.3 《国际经济贸易条约总览》

黄曙海主编,中国法制出版社1997年出版。包括上、下卷。

6.2.4 《国际民事商事公约与惯例》（附英文）

JOANSON主编,中国政法大学出版社1993年出版。选编的文件为民商事方面的一些重要的国际公约、协定、协议、规则等。

6.3 其他方面的条约汇编

6.3.1 《中华人民共和国国际司法合作条约集》

司法部司法协助外事司、司法部司法协助交流中心编,中国方正出版社2005年出版。该书以中国对外缔结的国际条约为主体,同时收录了国内法的相关规范,提供中国对外开展司法合作方面全面、翔实和最新近的法律规则和依据。

6.3.2 《国际海事条约汇编》

袁林新、梁善庆、刘正江等主编、交通部国际合作司编,大连海事大学出版社1993年至2012年出版。全书共13卷。

附录四 《法律缩略词语表》

以下法律缩略词语是在原北京大学法学院研究生师帅的协助下作出的。我们在汇编以下的法律缩略词语时,除了参考了下列的词典外,还检索了一些机关的网页。为了方便查阅,我们将《法律缩略词语表》分成以下几个分表。

1. 中国法律文件中常见的法律缩略语
2. 中国机关机构名称缩略
   2.1 全国人民代表大会、高检、高法顾问
   2.2 中央直属机关及直属事业单位
   2.3 国务院各部委
   2.4 国务院直属机构、办事机构、事业单位及部委管理的国家局和综合性行业协会
   2.5 国家级金融机构及经济实体
   2.6 全国性人民团体、民主党派机关
   2.7 用在国家机关文件号中的国家机关缩略语
3. 中国各省市简称
4. 国际组织

1. 中国法律文件中常见的法律缩略语（Abbreviations Frequently Appearing in Chinese Legal Documents）

中文缩略 Abbreviation (Chinese)	中文全称 Full Title (Chinese)	英文或拼音缩略 Abbreviation (English or Pinyin)	英文全称 Full Title (English)
一国两制	一个国家两种制度	Yi Guo Liang Zhi	One country, two systems
"九五"规划	国民经济和社会发展第九个五年计划	Jiu Wu Gui Hua	The Ninth Five-Year Plan for National Economy and Social Development
人大	全国人民代表大会	NPC	The National People's Congress
人防	人民防空	Ren Fang	People's (Civil) air defence
人委	人民委员会	Ren Wei	People's council
人武部	人民武装部	Ren Wu Bu	People's armed force department
入籍	加入国籍	Ru Ji	To be naturalized as a citizen
三个代表	中国共产党始终代表中国先进生产力的发展要求，代表中国先进文化的前进方向，代表中国最广大人民的根本利益	San Ge Dai Biao	Three Represents: the CCP represents the requirement to develop advanced productive forces, an orientation towards advanced culture, and the fundamental interests of the overwhelming majority of the people in China

中文缩略 Abbreviation (Chinese)	中文全称 Full Title (Chinese)	英文或拼音缩略 Abbreviation (English or Pinyin)	英文全称 Full Title (English)
三大宪章	三大宪章：中国人民政治协商会议共同纲领、中华人民共和国中央人民政府组织法、中国人民政治协商会议组织法	San Da Xian Zhang	Three Great Charters: the Common Program of the Chinese People's Political Consultative Conference, the Organization Law of the Central People's Government, the Organization Law of the Chinese People's Political Consultative Conference
三反五反运动	1951年底到1952年10月，在党政机关工作人员中开展的反贪污、反浪费、反官僚主义的斗争和在私营的工商业者中开展的反行贿、反偷税漏税、反盗骗国家资财、反偷工减料、反盗窃国家经济情报的斗争	San Fan Wu Fan Yun Dong	Between the end of 1951 and October 1952, China started a campaign of anti-corruption, anti-wastes, and anti-bureaucracy in the Party and State organs, economic departments, and institutions; and another campaign of anti-bribery, anti-tax eviction, anti-stealing state properties, anti-doing shoddy work and using inferior materials, and anti-pilfering state economic intelligent information in the private business sectors

中文缩略 Abbreviation（Chinese）	中文全称 Full Title（Chinese）	英文或拼音缩略 Abbreviation（English or Pinyin）	英文全称 Full Title（English）
三级政府	省、市、县级政府	San Ji Zheng Fu	Three local-level governments: provincial, city, and county
三自	自治、自养、自传	San Zi	Three self: self-governance, self-support, self-propagation
三来一补	来料加工、来样加工、来件装配和补偿贸易	San Lai Yi Bu	Three processing industries and one compensation (processing raw materials on order, assembling parts for the clients, processing according to clients samples, and compensation trade)
三审	三次审判	San Shen	Three trials
三资企业	中外合资、中外合作、外商独资企业	San Zi Qi Ye	Sino-foreign Joint ventures, Sino-foreign cooperative, foreign-owned enterprises
上合	上海合作组织，包括六个成员国：中国、俄罗斯、哈萨克斯坦、吉尔吉斯斯坦、塔吉克斯坦、乌兹别克斯坦	SCO	Shanghai Cooperation Organization, its member countries are China, Russia, Kazakhstan, Kyrgystan, Tajikistan, and Uzbekistan.

附录四 《法律缩略词语表》

中文缩略 Abbreviation (Chinese)	中文全称 Full Title (Chinese)	英文或拼音缩略 Abbreviation (English or Pinyin)	英文全称 Full Title (English)
上院	上议院	Shang Yuan	Upper house (Senate) of a country's parliament
下院	下议院	Xia Yuan	Lower house of a country's parliament
个体户	个体工商户	Ge Ti Hu	Individual business
乡委	中国共产党乡委员会	Xiang Wei	Township Provincial Committee of the CCP
口诉	口头诉讼	Kou Su	Oral complaint
口供	口头供词	Kou Gong	Oral testimony
土改	土地改革	Tu Gai	Land ownership reform
不可能	期待不可能	Bu Ke Neng	Impossibility of expectation
专门法院	专门人民法院	Zhuan Men Fa Yuan	Specialized people's courts
中人	中间人	Zhong Ren	Middle men
中止	犯罪中止	Zhong Zhi	Discontinuation of crime
中共	中国共产党	CCP or CPC or Zhong Gong	Chinese Communist Party or Communist Party of China
中国	中华人民共和国	PRC or Zhong Guo	The People's Republic of China

中文缩略 Abbreviation (Chinese)	中文全称 Full Title (Chinese)	英文或拼音缩略 Abbreviation (English or Pinyin)	英文全称 Full Title (English)
中委	中央委员会	Zhong Wei	Central committee
中直	中共中央直属机关	Zhong Zhi	Departments directly under the jurisdiction of the Central Committee
中南政法	中南政法大学（原中南政法学院）	Zhong Nan Zheng Fa	Central Chinese University of Political Science and Law
中政	中国政法大学（原北京政法学院）	Zhong Zheng	China's University of Political Science and Law
中院	中级人民法院	Zhong Yuan	Intermediate people's courts
中值	中间价值	Zhong Zhi	The mean value
分检	人民检察院分院	Fen Jian	Intermediate people's procuratorate
从轻	从轻处罚	Cong Qing	Lesser punishment
从重	从重处罚	Cong Zhong	Heavier punishment
从宽	从宽处理	Cong Kuan	Lenient punishment
公产	公有财产	Gong Chan	Public property
公判	公开审判	Gong Pan	Public trial
公断	公平断案	Gong Duan	Fair trial

附录四 《法律缩略词语表》

中文缩略 Abbreviation (Chinese)	中文全称 Full Title (Chinese)	英文或拼音缩略 Abbreviation (English or Pinyin)	英文全称 Full Title (English)
公募	公开发行	Gong Mu	Publicly raise capital
六杀	谋杀、故杀、斗杀、误杀、过失杀、戏杀	Liu Sha	murder, intentional homicide, homicide during fighting, homicide by mistake, manslaughter, homicide because of joking
六法	国民党六法全书（宪法、刑法、刑事诉讼法、民法、民事诉讼法、商法）	Liu Fa	Kumingtang's Six Laws (Constitution, Criminal Law, Criminal Procedure Law, Civil Law, Civil Procedure Law, and Commercial Law)
六亲	父、母、哥（姐）、弟（妹）、妻（夫）、子（女）	Liu Qin	father, mother, elder brothers/sisters, younger brothers/sisters, wife/husband, sons/daughters
六赃	唐律中规定的六种不义之财：监守盗、常人盗、受财枉法、受财不枉法、窃盗、坐赃	Liu Zang	Six unjust incomes or properties provided in Tang Code: theft by misusing office, misappropriating public property, accepting bribes for misusing office, accepting bribes but without misusing office, theft and burglary, and embezzlement

中文缩略 Abbreviation (Chinese)	中文全称 Full Title (Chinese)	英文或拼音缩略 Abbreviation (English or Pinyin)	英文全称 Full Title (English)
十恶	中国古代十大罪行：谋反、谋大逆、谋叛、恶逆、不道、大不敬、不孝、不睦、不义、内乱	Shi E	China ancient times ten big crimes: the rebellion, seeking wackiness, revolts, disobedience, killing inhumanly, disrespecting emperors, disrespecting parents, inharmoniousness, unrighteousness and civil strife
六部	六部是从隋唐开始,对中央行政机构中的吏、户、礼、兵、刑、工各部的总称	Liu Bu	Six Boards of imperial Chinese governments: Civil office, Rites, Revenue and Population, War, Punishment, and Public Works
区委	中国共产党区委员会	Qu Wei	District Committee of the CCP
反右	反对右倾机会主义分子	Fan You	Anti rightist
反证	反诉证据	Fan Zheng	Evidence to support counterclaims
反贪	反贪污贿赂	Fan Tan	Anti-embezzlement and Bribery
反贪总局	最高人民检察院反贪污贿赂总局	Fan Tan Zong Ju	General Bureau of Anti-embezzlement and Bribery

附录四 《法律缩略词语表》

中文缩略 Abbreviation (Chinese)	中文全称 Full Title (Chinese)	英文或拼音缩略 Abbreviation (English or Pinyin)	英文全称 Full Title (English)
反党	反对中国共产党	Fan Dang	Anti Chinese Communist Party
开放构成	开放犯罪构成	Kai Fang Gou Cheng	Die geschlossenen tatbestaende
加重构成	加重犯罪构成	Jia Zhong Gou Cheng	Aggravated constitution of crime
空白构成	空白犯罪构成	Kong Bai Gou Cheng	Blank constitution of crime
修正构成	修正犯罪构成	Xiu Zheng Gou Cheng	Revised constitution of crime
叙述构成	叙述犯罪构成	Xu Shu Gou Cheng	Narrative constitution of crime
复杂构成	复杂犯罪构成	Fu Za Gou Cheng	Complicated constitution of crime
封闭构成	封闭犯罪构成	Feng Bi Gou Cheng	Die geschlossenen tatbestaende
独立构成	独立犯罪构成	Du Li Gou Cheng	Independent constitution of crime
选择构成	选择犯罪构成	Xuan Ze Gou Cheng	Selected constitution of crime
减轻构成	减轻犯罪构成	Jian Qing Gou Cheng	Alleviative constitution of crime

中文缩略 Abbreviation (Chinese)	中文全称 Full Title (Chinese)	英文或拼音缩略 Abbreviation (English or Pinyin)	英文全称 Full Title (English)
基本构成	基本犯罪构成	Ji Ben Gou Cheng	Basic constitution of crime
堵截构成	堵截犯罪构成	Du Jie Gou Cheng	Stopped constitution of crime
简单构成	简单犯罪构成	Jian Dan Gou Cheng	Simple constitution of crime
截断构成	截断犯罪构成	Jie Duan Gou Cheng	Blocked constitution of crime
"文革"	"无产阶级文化大革命"	Wen Ge	Great proletarian culture revolution
欠据	欠债凭据	Qian Ju	Debt instrument
止付	停止付款	Zhi Fu	Stop payment
订约	订立和约	Ding Yue	Concluding a contract
认证	质量体系认证	Ren Zheng	Quality system certification
主犯	主要犯罪人	Zhu Fan	Principal criminals
主刑	主要刑罚	Zhu Xing	Principal punishments
主债	主要债务	Zhu Zhai	Principal obligation
北大法宝	北京大学中国法律检索系统	Bei Da Fa Bao	Peking University Computer-assisted Chinese legal research system

中文缩略 Abbreviation (Chinese)	中文全称 Full Title (Chinese)	英文或拼音缩略 Abbreviation (English or Pinyin)	英文全称 Full Title (English)
北政	北京政法学院（现中国政法大学）	Bei Zheng	Beijing College of Political Science and Law
可能性	期待可能性	Ke Neng Xing	Theory of probability of expectation
台独	台湾独立	Tai Du	Pro Taiwan independence
台胞	台湾同胞	Tai Bao	Compatriots in Taiwan
台海	台湾海峡两岸	Tai Hai	Both sides of Taiwan Strait
台资	台湾资本	Tai Zi	Capitals from Taiwan
台商	台湾商人	Tai Shang	Businessmen from Taiwan
台属	去台湾人员在大陆的家属	Tai Shu	Relatives of people who went to Taiwan from Mainland China in 1949
四人帮	江青反革命集团	Si Ren Bang	Jian qing anti revolutionary gang
四化	工业、农业、国防和科学技术现代化	Si Hua	Modernization of Industry, Agriculture, Defense, and Science and Technology

中文缩略 Abbreviation (Chinese)	中文全称 Full Title (Chinese)	英文或拼音缩略 Abbreviation (English or Pinyin)	英文全称 Full Title (English)
四项基本原则	坚持社会主义道路,坚持无产阶级专政,坚持共产党的领导,坚持马列主义毛泽东思想	Si Xiang Ji Ben Yuan Ze	The Four Cardinal Principles: Adhere to the Socialist Path, Adhere to the Proletarian Dictatorship, Adhere to the Communist Party's Leadership, and Adhere to Marxism and Mao Zedong's Thoughts
四隐	朋友、相识、乡亲和邻里	Si Yin	Four relationships (friends, acquaintances, hometown fellows, and neighbors)
外仲	外贸仲裁	Wai Zhong	Arbitration in Foreign Trade
外经	对外经济	Wai Jing	Foreign economic relations
外贸	对外贸易	Wai Mao	Foreign trade
外资企业	外商投资企业	Wai Zi Qi Ye	Foreign-funded Enterprise Foreign-invested Enterprise
市委	中国共产党市委员会	Shi Wei	City Committee of the CCP
未遂	犯罪未遂	Wei Sui	Attempted crime

附录四 《法律缩略词语表》

中文缩略 Abbreviation (Chinese)	中文全称 Full Title (Chinese)	英文或拼音缩略 Abbreviation (English or Pinyin)	英文全称 Full Title (English)
本证	原本证据	Ben Zheng	Evidence to support original claims
正反	正反两方面	Zheng Fan	Right and wrong
正本	正式版本	Zheng Ben	Original/formal copy
民刑	民法刑法或民事刑事	Min Xing	Civil and criminal law/matter
民诉	民事诉讼	Min Su	Civil action
民案	民事案件	Mi An	Civil case
汇差	汇率差价	Hui Cha	The difference between the conversion rates for local currency converted into foreign currency and vice versa
灭口	杀人灭口	Mie Kou	Do away with a witness
犯意	犯罪意图	Fan Yi	Criminal intent
犯罪地	犯罪地点	Fan Zui Di	Crime sense
立决	立即处决	Li Jue	Summary execution or to execute without delay
立宪	制立宪法	Li Xian	To establish a constitution
立继	立继承人	Li Ji	Designation of Heirs

中文缩略 Abbreviation (Chinese)	中文全称 Full Title (Chinese)	英文或拼音缩略 Abbreviation (English or Pinyin)	英文全称 Full Title (English)
训诫	口头教训惩戒	Xun Jie	Giving oral disciplinary punishment
交保	交保释放	Jiao Bao	Release on bail
共犯	共同犯罪	Gong Fan	Criminal conspiracy
关贸	关税贸易	Guan Mao	Customs and Trade
军纪	军队纪律	Jun Ji	Military discipline
军律	军事法律	Jun Lü	Military laws
军事法院	中国人民解放军军事法院	Jun Shi Fa Yuan	Military Court of the Chinese People's Liberation Army
军政	军事政府	Jun Zheng	Military government
军管	军事管制	Jun Guan	Martial law
农业合作化	社会主义农业合作化运动	Nong Ye He Zuo Hua	Socialist agricultural joint cultivation movement
刑一庭	刑事审判一庭	Xing Yi Ting	First criminal adjudication division
刑二庭	刑事审判二庭	Xing Er Ting	Second criminal adjudication division
刑初字	初审刑事判决书字号	Xing Chu Zi	Docket number for the verdict of criminal trial at first instance

中文缩略 Abbreviation (Chinese)	中文全称 Full Title (Chinese)	英文或拼音缩略 Abbreviation (English or Pinyin)	英文全称 Full Title (English)
刑诉	刑事诉讼	Xing Su	Criminal procedure
刑侦	刑事侦查	Xing Zhen	Criminal investigation
刑度	量刑幅度	Xing Du	Range of sentencing
刑种	刑罚种类	Xing Zhong	Categories of Criminal Punishments
刑案	刑事案件	Xing An	Criminal case
刑检厅	刑事检察厅	Xing Jian Ting	Criminal prosecutorial department
创投	创业投资	Chuang Tou	Venture capital
风投	风险投资	Feng Tou	Risk investment
华东政法	华东政法大学（原华东政法学院）	Hua Zheng	Eastern China University of Political Science and Law (used to be Eastern China College of Political Science and Law)
合会	合作集资互助会	He Hui	Credit union
合作开发	中外合作开发	He Zuo Kai Fa	Chinese-foreign cooperative development
合作企业	中外合作经营企业	He Zuo Qi Ye	Chinese-foreign cooperative enterprises

中文缩略 Abbreviation（Chinese）	中文全称 Full Title（Chinese）	英文或拼音缩略 Abbreviation（English or Pinyin）	英文全称 Full Title（English）
合资企业	中外合资经营企业	He Zi Qi Ye	Chinese-foreign joint venture
合资经营	中外合资经营	He Zi Jing Ying	Joint Ventures involving Chinese and Foreign Investment
合资银行	中外合资银行	He Zi Yin Hang	Chinese-foreign joint bank
地税	地方税收	Di Shui	Local tax
安检	安全检查	An Jian	Security inspection
延付	延期给付	Yan Fu	Delaying payment
扣利	折扣利息	Kou Li	Discount interest
收审	收容审查	Shou Shen	Detention for investigation
收容处分	收容矫正处分	Shou Rong Chu Fen	Correction measure
死因	死亡原因	Si Yin	Reason of Death
死法	死的法律	Si Fa	Dead laws
死缓	死刑缓期执行	Si Huan	Death Sentence with a Two-year Reprieve
污吏	贪污官吏	Wu Li	Corrupt officials
自决	民族自决	Zi Jue	Self-determining

中文缩略 Abbreviation (Chinese)	中文全称 Full Title (Chinese)	英文或拼音缩略 Abbreviation (English or Pinyin)	英文全称 Full Title (English)
自治机关	民族自治地方行政机关	Zi Zhi Ji Guan	Administrative authorities of national autonomous areas
自律	自我约束	Zi Lü	Self-regulation
自残	自残行为	Zi Can	Self inflicttion
自首	自动投案	Zi Shou	Giving self up to the authority
自损	自损行为	Zi Sun	Self damaging
自救	自救行为	Zi Jiu	Self-help acts
行刑	执行刑事惩罚	Xing Xing	Executing criminal sentence
行署	行政公署	Xing Shu	Prefecture administrative office
华东政法	华东政法学院	Hua Dong Zheng Fa	Eastern China College of Political Science and Law
西北政法	西北政法大学（原西北政法学院）	Xi Bei Zheng Fa	Northwestern China University of Political Science and Law (used to be Northwestern China College of Political Science and Law)

中文缩略 Abbreviation (Chinese)	中文全称 Full Title (Chinese)	英文或拼音缩略 Abbreviation (English or Pinyin)	英文全称 Full Title (English)
西南政法	西南政法大学（原西南政法学院）	Xin Nan Zheng Fa	Southwestern China University of Political Science and Law (used to be Southwestern China College of Political Science and Law)
过劳死	过度劳累致死	Guo Lao Si	Died of overly working
两会	全国人民代表大会和全国政协会议	Liang Hui	The National People's Congress and the Chinese People's Political Consultative Conference
利改税	改收利润为收税	Li Gai Shui	Replacement of profts by taxes
两劳	劳教和劳改	Liang Lao	Reeducation and reform through labor
两罚	刑事处罚和行政处分	Liang Fa	Criminal punishment and administrative sanction
两造	原告和被告	Liang Zao	Both parties (plaintiff and defendant)
严打	严厉打击犯罪活动	Yan Da	Crack down on criminal activities severely and swiftly

附录四 《法律缩略词语表》

中文缩略 Abbreviation（Chinese）	中文全称 Full Title（Chinese）	英文或拼音缩略 Abbreviation（English or Pinyin）	英文全称 Full Title（English）
免诉	免予起诉	Mian Su	Exemption from prosecution
劳教	劳动教养	Lao Jiao	Reeducation-through-labor
诉权	诉讼权利	Su Quan	Right of Litigation
诉状	诉讼状	Su Zhuang	Motion, pleading brief
违法性	刑事违法性	Wei Fa Xing	The feature of offending against criminal law
陈述	当事人陈述	Chen Shu	Litigant's statement
供状	供认书状	Gong Zhuang	Confession record
取保候审	取得保证人、等候审理	Qu Bao Hou Shen	To obtain a bail and waiting for a trial
命案	人命案件	Ming An	Homicide case
劳仲	劳动仲裁	Lao Zhong	Labor arbitration
劳改	劳动改造	Lao Gai	Reform from work
劳保	劳动保险	Lao Bao	Labor insurance
劳资	劳力和资本	Lao Zi	Labor and capital
劳资纠纷	劳动者和用人单位之间的纠纷	Lao Zi Jiu Feng	Disputes between employees and employer
抗传	抗拒传讯	Kang Chuan	Resisting summon

中文缩略 Abbreviation (Chinese)	中文全称 Full Title (Chinese)	英文或拼音缩略 Abbreviation (English or Pinyin)	英文全称 Full Title (English)
即付	即时付款	Ji Fu	Immediate payment
县委	中国共产党县委员会	Xian Wei	County Committee of the CCP
村委	中国共产党村委员会	Cun Wei	Village Committee of the CCP
村委会	村民委员会	Cun Wei Hui	Village committee
扶贫	扶助贫穷	Fu Pin	Assisting poor
扶贫办	各级政府扶贫办公室	Fu Pin Ban	The Poverty Relief Office under all level of governments
折中原则	折中主义管辖原则	Zhe Zhong Yuan Ze	Eclectic principle about jurisdiction
拟判	模拟判	Ni Pan	Moor-court judgment
改组	国有企业改组	Gai Zu	Reorganization of state-owned enterprises
社保	社会保障或社会保险	She Bao	Social security or social insurance
私产	私有财产	Si Chan	Private property
私有	私人所有	Si You	Private own
私有制	私人所有制度	Si You Zhi	Private-owned system
私和	私下和解	Si He	Private settlement

中文缩略 Abbreviation (Chinese)	中文全称 Full Title (Chinese)	英文或拼音缩略 Abbreviation (English or Pinyin)	英文全称 Full Title (English)
私资	私人资本	Si Zi	Private capital
私营	私人经营	Si Ying	Privately operation
补赔	补充赔偿	Bu Pei	Additional claim
连署	连带关系人的联合署名	Lian Shu	Joint signatures
阻却事由	阻却违法事由	Zu Que Shi You	Impediment of illegality
侨胞	海外侨胞	Qiao Bao	Chinese nationals residing in foreign countries
制宪	制定宪法	Zhi Xian	Constitution-making
取官	取得官位	Qu Guan	To obtain an official position
国企	国有企业	Guo Qi	State-owned enterprises
国有	国家所有	Guo You	State own
国有制	国家所有制度	Guo You Zhi	State-owned system
国法	国家法律	Guo Fa	State laws
国贸	国际贸易	Guo Mao	International trade
国资	国有资产	Guo Zi	State-owned assets State assets
国税	国家税收	Guo Shui	State tax

中文缩略 Abbreviation (Chinese)	中文全称 Full Title（Chinese）	英文或拼音缩略 Abbreviation (English or Pinyin)	英文全称 Full Title (English)
委托组织	行政机关委托的组织	Wei Tuo Zu Zhi	Organization entrusted by administrative authorities
官价	官方价格	Guan Jia	Official price
审执分立	审判和执行分立	Shen Zhi Fen Li	Separation of trials and judgment enforcement
审执合一	审判和执行合一	Shen Zhi He Yi	Combination of trials and judgment enforcement
审级	审判级别	Shen Ji	Steps in the trials
审估	审查估价	Shen Gu	Review and Evaluation
审委会	审判委员会	Shen Wei Hui	Judicial committee
审结	审理结案	Shen Jie	To conclude the trial
审核	审查核对	Shen He	To review and check
审监程序	审判监督程序	Shen Jian Cheng Xu	Procedure for trial supervision
居代会	居民代表大会	Ju Dai Hui	Congress of Delegates representing the residents of a locality
居地	居住地	Ju Di	Place of residence
居委会	居民委员会	Ju Wei Hui	Neighborhood committee
建党	建立政党	Jian Dang	To found a party

附录四 《法律缩略词语表》

中文缩略 Abbreviation (Chinese)	中文全称 Full Title (Chinese)	英文或拼音缩略 Abbreviation (English or Pinyin)	英文全称 Full Title (English)
忽职	玩忽职守	Hu Zhi	Dereliction of duty
房改	住房改革	Fang Gai	Housing reform
房基地权	宅基地使用权	Fang Ji Di Quan	Right to Use the Land of a House
承包制	家庭联产承包责任制	Cheng Bao Zhi	Household contract responsibility system
承诺行为	被害人承诺行为	Cheng Nuo Xing Wei	Eine Willigung des Verletzen
拆借	同业拆借	Chai Jie	Inter-bank (or inter-trade) borrowing
构成事实	构成要件事实	Gou Cheng Shi Shi	Facts of the constitutive elements
构成要件	犯罪构成要件	Gou Cheng Yao Jian	Key elements of constitution crime
构成要素	构成要件因素	Gou Cheng Yao Su	Elements der Tatbestand
武警	武装警察	Wu Jing	Armed police
治保	治安保卫	Zhi Bao	Public security
法务	法律事务	Fa Wu	Legal affairs
法纪	法律和纪律	Fa Ji	Law and discipline or legal and disciplinary

中文缩略 Abbreviation (Chinese)	中文全称 Full Title (Chinese)	英文或拼音缩略 Abbreviation (English or Pinyin)	英文全称 Full Title (English)
法条	法律条文	Fa Tiao	Statutory provision
法制或法治	法律制度或依法治理	Fa Zhi	Legal system or rule of law
法学所	社科院法学研究所	Fa Xue Suo	Legal Research Institute of the Chinese Academy of Social Science
法规	法律与行政法规	Fa Gui	Laws and Administrative Regulations
法案	法律草案	Fa An	Legislative bill or draft law
法益	法律保护的利益	Fa Yi	Legal interest
法援	法律援助	Fa Yuan	Legal support services
法统	法律传统	Fa Tong	Legal tradition
法释	最高人民法院司法解释	Fa Shi	Judicial Interpretations of the Supreme People's Court
注会	注册会计师	Zhu Kuai	Certified public accountant
知权	知识产权	Zhi Quan	Intellectual property
终审	两审终审制度	Zhong Shen	System of the court on second instance being that of last instance

中文缩略 Abbreviation (Chinese)	中文全称 Full Title (Chinese)	英文或拼音缩略 Abbreviation (English or Pinyin)	英文全称 Full Title (English)
肃反	肃清反革命分子	Su Fan	Purging counterrevolutionaries
股市	股票市场	Gu Shi	Stock market
股指	股票价格指数	Gu Zhi	Stock price index
规章	行政部门颁布的规章制度	Gui Zhang	Rules and regulations promulgated by administrative agencies
质检	质量检查	Zhi Jian	Quality inspection
质管	质量管理	Zhi Guan	Quality management, quality control
贪官	贪污官员或贪财官员	Tan Guan	Corrupt or greedy officials
限流物	限制流通物	Xian Liu Wu	Restricted things
候审	等候审理	Hou Shen	Waiting for a trial
便宜	起诉便宜主义	Bian Yi	Doctrine of prosecuting discretion
保人	担保人	Bao Ren	Guarantor
保护原则	保护管辖原则	Bao Hu Yuan Ze	Protective principle about jurisdiction
保函	银行保证书	Bao Han	Banking guarantee letter

中文缩略 Abbreviation (Chinese)	中文全称 Full Title (Chinese)	英文或拼音缩略 Abbreviation (English or Pinyin)	英文全称 Full Title (English)
保单	保险单	Bao Dan	Insurance policy
保费	保险费	Bao Fei	Insurance premium
保值	保险价值	Bao Zhi	Insurable value
保释	具保释放	Bao Shi	Release on bail
修宪	修改宪法	Xiu Xian	Amendment of constitution
复婚	恢复婚姻关系	Fu Hun	Re-marriage
奖惩	奖励惩罚	Jiang Cheng	Reward and punishment
宪政	宪法政府	Xian Zheng	Governing according to constitution
宪章	联合国宪章	Xian Zhang	Charter of the United Nations
律所	律师事务所	Lu Suo	Law Offices or Law Firm
指拨	指示调拨	Zhi Bo	To distribute by directive
指战员	指挥员和战斗人员	Zhi Zhan Yuan	Commanders and fighters
政工	政治工作	Zheng Gong	Political works
政务	政府事务	Zheng Wu	Government affairs
政改	政治改革	Zheng Gai	Political reform

附录四 《法律缩略词语表》

中文缩略 Abbreviation (Chinese)	中文全称 Full Title (Chinese)	英文或拼音缩略 Abbreviation (English or Pinyin)	英文全称 Full Title (English)
政纲	政治纲领	Zheng Gang	Political platform
政委	政治委员	Zheng Wei	Political commissioner
政审	政治审查	Zheng Shen	Political investigation
政保	政治保密	Zheng Bao	Political security
政教	政府和宗教	Zheng Jiao	Government and religion
故犯	故意犯罪	Gu Fan	Willful offense
故杀	故意杀人	Gu Sha	Intentional homicide
既遂	犯罪既遂	Ji Sui	Theory of completed offence
查证	查对证据	Cha Zheng	Examination of evidence by court
派出法庭	派出人民法庭	Pai Chu Fa Ting	Outpost tribunals of People's Court
独董	独立董事	Du Dong	Independent directors
盈亏	盈利或亏损	Ying Kui	Surplus or deficit
相对人	行政相对人	Xiang Dui Ren	Opposite person to the administration
省委	中国共产党省委员会	Sheng Wei	Provincial Committee of the CCP

中文缩略 Abbreviation (Chinese)	中文全称 Full Title (Chinese)	英文或拼音缩略 Abbreviation (English or Pinyin)	英文全称 Full Title (English)
科刑	科以刑罚	Ke Xing	To impose a criminal punishment
类推	刑事类推	Lei Tui	Analogy in criminal law
统独	台湾的统一或独立	Tong Du	Pro Taiwan unification with Mainland China or independence
贸仲委	中国国际经济贸易仲裁委员会	Mao Zhong Wei	China International Economic and Trade Arbitration Commission
逃汇	逃避外汇管制	Tao Hui	Evasion of foreign exchange control
选权	选举权	Xuan Quan	Election right
重刑	从重刑罚	Zhong Xing	Sever criminal punishment
倒置	举证责任倒置	Dao Zhi	Revision of burden of proof
党政	共产党和政府	Dang Zheng	Communist Party and government
套汇	套购外汇	Tao Hui	Illegal purchasing foreign currency

中文缩略 Abbreviation (Chinese)	中文全称 Full Title (Chinese)	英文或拼音缩略 Abbreviation (English or Pinyin)	英文全称 Full Title (English)
峰会	国家元首会议	Feng Hui	Summit meeting between or among the heads of the states
恶法	不正义的法律	E Fa	Bad law
恶债	恶意债务	E Zhai	Odious debts
损益	损失和收益	Sun Yi	Loss and profit
核资	核算资产	He Zi	To audit capital or property
流刑	流放刑罚	Liu Xing	Criminal punishment by banishment
海峡两岸	中国大陆和台湾地区	Hai Xia Liang An	Mainland China and Taiwan District
特派员	国务院稽查特派员	Te Pai Yuan	Special Inspectors appointed by the State Council
益损	收益和损失	Yi Sun	Profit and loss
监委	监督委员会委员	Jian Wei	Supervision commission member
监规	监狱规章	Jian Gui	Prison regulations

中文缩略 Abbreviation (Chinese)	中文全称 Full Title (Chinese)	英文或拼音缩略 Abbreviation (English or Pinyin)	英文全称 Full Title (English)
监察厅	最高人民检察院监所检察厅	Jian Cha Ting	Procuratorial Department for Prisons and Reformatories under the Supreme People's Procuratorate
继受法	继承接受的法律	Ji Shou Fa	Inherited law
被害人	刑事被害人	Bei Hai Ren	Victim of crime
资产流失	国有资产流失	Zi Chan Liu Shi	Drain of State-owned assets
部颁	部委颁布	Bu Ban	Promulgated by the Ministries of the State Council
部颁规章	部委颁布的规章	Bu Ban Gui Zhang	Regulations promulgated by the Ministries of the State Council
高院	高级人民法院	Gao Yuan	Higher people's courts
高检	高级人民检察院	Gao Jian	Higher people's procuratorate
减刑	减轻刑罚	Jian Xing	Reducing criminal penalty
减持	国有股减少持有	Jian Chi	Reduce state's stake in listed companies
减资	减少投资	Jian Zi	Reducing investments

中文缩略 Abbreviation (Chinese)	中文全称 Full Title (Chinese)	英文或拼音缩略 Abbreviation (English or Pinyin)	英文全称 Full Title (English)
商情	商业情报	Shang Qing	Business information
基价	基本价格	Ji Jia	Basic price
基层法院	基层人民法院	Ji Ceng Fa Yuan	Grassroots people's courts
寄售	寄托销售	Ji Shou	Sale by trust
常委	常务委员	Chang Wei	Members of an executive (or standing) committee
授权组织	法律法规授权的组织	Shou Quan Zu Zhi	Organization authorized by laws or regulations
控申厅	最高人民检察院控告申诉厅	Kong Shen Ting	the Department for Accusations and Petitions under the Supreme People's Procuratorate
救助	海难救助	Jiu Zhu	Wreck salvation
械劫	持械抢劫	Xie Jie	Armed robbery
清产	清理财产	Qing Chan	To inventory property
着手	犯罪着手	Zhuo Shou	Theory of beginning of crime
第三人合同	第三人利益合同	Di San Ren He Tong	Contract involved third party's interests

中文缩略 Abbreviation (Chinese)	中文全称 Full Title (Chinese)	英文或拼音缩略 Abbreviation (English or Pinyin)	英文全称 Full Title (English)
职代会	职工代表大会	Zhi Dai Hui	Conference of the workers' representatives
职改	职称制度改革	Zhi Gai	Reform of the system for granting professional titles
脱贫小组	各级政府脱贫领导小组	Tuo Pin Xiao Zu	the Leading Group on Poverty Reduction under all level of governments
银团	银行财团	Yin Tuan	Banking consortium
就审	就地审判	Jiu Shen	On-the-spot hearing or trial
属人	属人管辖原则	Shu Ren	Person principle about jurisdiction
属地	属地管辖原则	Shu Di	Territorial principle about jurisdiction
惩宽结合	惩罚和宽大相结合政策	Cheng Kuan Jie He	Policy of combining punishment with leniency
搭售	搭配销售	Da Shou	Sale with attachments
普遍原则	普遍管辖原则	Pu Bian Yuan Ze	General principle about jurisdiction
期权	选择权	Qi Quan	Option

附录四 《法律缩略词语表》

中文缩略 Abbreviation (Chinese)	中文全称 Full Title (Chinese)	英文或拼音缩略 Abbreviation (English or Pinyin)	英文全称 Full Title (English)
缔约	缔结条约	Di Yue	Concluding or signing a treaty
街委	中国共产党街道委员会	Jie Wei	Street Neighborhood Committee of the CCP
街道办	街道办事处	Jie Dao Ban	Sub-district administrative office
遗赠	遗嘱赠送	Yi Zeng	Gift through wills
销案	撤销案件,停止调查	Xiao An	Withdrawing investigation
集权	集中权力	Ji Quan	Centralization or concentration of power or authority, centralism
嫌犯	嫌疑犯人	Xian Fan	Criminal suspects
溯往	溯及既往	Su Wang	Retroactive
照证	护照证件	Zhao Zheng	Passports and identifications
禁渔	禁止捕鱼	Jin Yu	Forbidding fishing
禁渔区	禁止捕鱼区域	Jin Yu Qu	Forbidding fishing zone
禁渔期	禁止捕鱼时期	Jin Yu Qi	Forbidding fishing time period
禁流物	禁止流通物	Jin Liu Wu	Banned things

中文缩略 Abbreviation (Chinese)	中文全称 Full Title (Chinese)	英文或拼音缩略 Abbreviation (English or Pinyin)	英文全称 Full Title (English)
禁海令	清朝禁止海上贸易令	Jin Hai Ling	Order of forbidding foreign trade
禁猎	禁止狩猎	Jin Lie	Forbidding hunting
禁猎区	禁止狩猎区域	Jin Lie Qu	Forbidding hunting zone
禁猎期	禁止狩猎时期	Jin Lie Qi	Forbidding hunting time period
签认	签名认可	Qian Ren	To sign acknowledgement
罪犯	犯罪人	Zui Fan	Criminal
解约	解除和约	Jie Yue	Canceling contract
解放军	中国人民解放军	PLA	The People's Liberation Army
解禁	解除禁运	Jie Yin	Lifting embargo
弊案	舞弊案件	Bi An	Cheating case
增资	增加资本	Zeng Zi	Increasing investment
履约	履行合同	Lu Yue	Contract performance
德治	以道德治国	De Zhi	Rule of virtue
撤诉	撤回诉讼	Che Su	Withdraw law suits
撤案	撤销案件	Che An	Withdraw cases
镇反	镇压反革命分子	Zhen Fan	Suppressing counter-revolutionaries

附录四 《法律缩略词语表》

中文缩略 Abbreviation (Chinese)	中文全称 Full Title (Chinese)	英文或拼音缩略 Abbreviation (English or Pinyin)	英文全称 Full Title (English)
镇委	中国共产党镇委员会	Zhen Wei	Township Provincial Committee of the CCP
整改	整顿改造	Zheng Gai	Rectification and change
整治	整顿治理	Zheng Zhi	Rectification and Managing
避险	紧急避险	Bi Xian	Urgent danger prevention
鞫	审问	Ju	Questioning
翻供	推翻先前的有罪供述	Fan Gong	Retracting guilty confession

2. 中国机关机构名称缩略（Abbreviations of Chinese Government Agencies and Organizations）

2.1 全国人民代表大会、最高检、最高法（The National People's Congress, the Supreme Court, and the Supreme Procuratorate）

中文缩略 Abbreviation (Chinese)	中文全称 Full Title (Chinese)	英文或拼音缩略 Abbreviation (English or Pinyin)	英文全称 Full Title (English)
人大常委会	全国人民代表大会常务委员会	Ren Da Chang Wei Hui	Standing Committee of the NPC
专门委员会	全国人大专门委员会	Zhuan Men Wei Yuan Hui	Special Committees of the NPC
两农委员会	全国人大农业与农村委员会	Liang Nong Wei Yuan Hui	The Agriculture and Rural Affairs Committee of the NPC
主席团	全国人民代表大会主席团	Zhu Xi Tuan	Presidium of NPC
侨委会	全国人大侨务委员会	Qiao Wei Hui	Overseas Chinese Affairs Committee of the NPC
全国人大	全国人民代表大会	Quan Guo Ren Da	National People's Congress (NPC)
全国人大代表	全国人民代表大会代表	Quan Guo Ren Da Dai Biao	Deputies of the NPC
全国人大法工委	全国人大常委会法律工作委员会	Quan Guo Ren Da Fa Gong Wei	Law Working Committee of the NPC

附录四 《法律缩略词语表》

中文缩略 Abbreviation (Chinese)	中文全称 Full Title (Chinese)	英文或拼音缩略 Abbreviation (English or Pinyin)	英文全称 Full Title (English)
内司委	全国人大内务司法委员会	Nei Si Wei	The Committee for Internal and Judicial Affairs of the NPC
委员长	全国人民代表大会常务委员会委员长	Wei Yuan Zhang	Chairman of the Standing Committee of the NPC
最高检	最高人民检察院	Zui Gao Jian	Supreme People's Procuratorate
最高院	最高人民法院	Zui Gao Yuan	Supreme People's Court
法制委员会	全国人大法制委员会	Fa Zhi Wei Yuan Hui	Legislative Committee of the Standing Committee of the NPC
环境与资源委	全国人大环境与资源保护委员会	Huan Jing Yu Zi Yuan Wei	The Environmental and Resources Protection Committee of the NPC
筹委会	全国人大特别行政区筹备委员会	Chou Wei Hui	Preparatory Committee for The Special Administration Regions of the NPC
调查委员会	特定问题调查委员会	Diao Cha Wei Yuan Hui	Committee of Inquiry into Special Questions
财经委	全国人大财政经济委员会	Cai Jing Wei	The Financial And Economic Committee of the NPC

中文缩略 Abbreviation (Chinese)	中文全称 Full Title (Chinese)	英文或拼音缩略 Abbreviation (English or Pinyin)	英文全称 Full Title (English)
预算委	全国人大常委会预算工作委员会	Yu Suan Wei	Budget Working Committee of the NPC
香港基本法委员会	全国人大香港特别行政区基本法委员会	Xiang Gang Ji Ben Fa Wei Yuan Hui	Committee for Basic Law of Hong Kong Special Administrative Region under the Standing Committee of the NPC
澳门基本法委员会	全国人大澳门特别行政区基本法委员会	Ao Men Ji Ben Fa Wei Yuan Hui	Committee for Basic Law of Macao Special Administrative Region Under the Standing Committee of the NPC

2.2 中共中央直属机关及直属事业单位(The Central Committee of the Chinese Communist Party and Its Subordinate Organizations and Agencies)

中文缩略 Abbreviation (Chinese)	中文全称 Full Title (Chinese)	英文或拼音缩略 Abbreviation (English or Pinyin)	英文全称 Full Title (English)
人民日报社	人民日报报社	Ren Min Ri Bao She	People's Daily Press
中国日报社	中国日报报社	Zhong Guo Ri Bao She	China Daily Press
光明日报社	光明日报报社	Guang Ming Ri Bao She	Guangming Daily Press

附录四 《法律缩略词语表》

中文缩略 Abbreviation（Chinese）	中文全称 Full Title（Chinese）	英文或拼音缩略 Abbreviation（English or Pinyin）	英文全称 Full Title（English）
经济日报社	经济日报报社	Jing Ji Ri Bao She	Economic Daily Press
《求是》社	《求是》杂志社	Qiu Shi She	Seeking Truth Magazine Press
中央工委	中共中央国家机关工作委员会	Zhong Yang Gong Wei	Working Commission of the CCP Central Committee
中央文明办	中共中央精神文明建设指导委员会办公室	Zhong Yang Wen Ming Ban	Spiritual Civilization Steering Committee Office of the CCP Central Committee
中央文献室	中共中央文献研究室	Zhong Yang Wen Xian Shi	Bibliographcial Research Office of the CCP Central Committee
中央外事办	中共中央外事工作领导小组办公室	Zhong Yang Wai Shi Ban	Froeign Affair Working Leader Office of the CCP Central Committee
中台办或国台办	中共中央对台工作领导小组办公室（国务院台湾事务办公室）	Zhong Tai Ban huo Guo Tai Ban	Taiwan Affair Leader Office of the CCP Central Committee（Taiwan Affair Office of the State Council）

中文缩略 Abbreviation (Chinese)	中文全称 Full Title (Chinese)	英文或拼音缩略 Abbreviation (English or Pinyin)	英文全称 Full Title (English)
中央军委	中共中央军事委员会	Zhong Yang Jun Wei	Military Commission of the CCP Central Committee
中央金融工委	中共中央金融工作委员会	Zhong Yang Jin Rong Gong Wei	Financial Working Commission of the CCP Central Committee
中央保密办	中共中央保密委员会办公室（国家保密局）	Zhong Yang Bao Mi Ban	Confidentiality Commission Office of the CCP Central Committee (State Confidentiality Bureau)
中央政法委	中共中央政法委员会	Zhong Yang Zheng Fa Wei	Political and Legal Committee of the CCP Central Committee
中央政研室	中共中央政策研究室	Zhong Yang Zheng Yan Shi	Policy Research Office of the CCP Central Committee
中央香港工委	中共中央香港工作委员会	Zhong Yang Xiang Gang Gong Wei	Hong Kong Working Commission of the CCP Central Committee
中央澳门工委	中共中央澳门工作委员会	Zhong Yang Ao Men Gong Wei	Macao Woring Commission of the CCP Central Committee

中文缩略 Abbreviation (Chinese)	中文全称 Full Title (Chinese)	英文或拼音缩略 Abbreviation (English or Pinyin)	英文全称 Full Title (English)
中央党史室	中共中央党史研究室	Zhong Yang Dang Shi Shi	Party History Research Office of the CCP Central Committee
中央党校	中共中央党校	Zhong Yang Dang Xiao	Party School of the CCP Central Committee
中央档案馆	中共中央档案馆（国家档案局）	Zhong Yang Dang An Guan	Archive of the CCP Central Committee (State Archive Bureau)
中央编译局	中共中央编译局	Zhong Yang Bian Yi Ju	Translation and Editorial Bureau of the CCP Central Committee
中纪委	中国共产党纪律检查委员会	Zhong Ji Wei	Central Commission for Discipline Inspection of the Communist Party of China
中财办	中共中央财经领导小组办公室	Zhong Cai Ban	Economical and Finanical Leader Office of the CCP Central Committee
中国外文局	中国外文出版发行事业局	Zhong Guo Wai Wen Ju	China Publishing Bureau of Foreign Language
中直委	中共中央直属机关工作委员会	Zhong Zhi Wei	Working Commission Overseeing the Agencies Directly under the CCP Central Committee

中文缩略 Abbreviation (Chinese)	中文全称 Full Title (Chinese)	英文或拼音缩略 Abbreviation (English or Pinyin)	英文全称 Full Title (English)
中宣部	中共中央宣传部	Zhong Xuan Bu	Propaganda Department of the CCP Central Committee
中组部	中共中央组织部	Zhong Zu Bu	Organization Department of the CCP Central Committee
中编办	中共中央机构编制委员会办公室	Zhong Bian Ban	Oganization and Staffing Office of the CCP Central Committee
中联部	中共中央对外联络部	Zhong Lian Bu	Foreign Liason Office of the CCP Central Committee
书记处	中共中央书记处	Shu Ji Chu	Secretariat of the CCP Central Committee
台办	国务院台湾事务办公室	Tai Ban	Taiwan Affairs Office of the State Council
外宣办	中共中央对外宣传办公室（国务院新闻办公室）	Wai Xuan Ban	Foreign Propaganda Office of the CCP Central Committee（Press Office of the State Council）
国办	国务院办公厅	Guo Ban	Office of the State Council

附录四 《法律缩略词语表》

中文缩略 Abbreviation (Chinese)	中文全称 Full Title (Chinese)	英文或拼音缩略 Abbreviation (English or Pinyin)	英文全称 Full Title (English)
直管局	中共中央直属机关事务管理局	Zhi Guan Ju	Administrative Affair Bureau Overseeing the Agencies Directly under the CCP Central Committee
总书记	中共中央总书记	Zong Shu Ji	General Secretary of the Central Committee of the CCP
总理	国务院总理	Zong Li	Primer of the State Council
政府	中华人民共和国中央人民政府	Zheng Fu	The Central People's Government of the PRC
统战部	中共中央统战部	Tong Zhan Bu	United Front Work Department of the Central Committee

2.3 中华人民共和国国务院各部委(The Ministries and Commissions of the State Council of the PRC)

中文缩略 Abbreviation (Chinese)	中文全称 Full Title (Chinese)	英文或拼音缩略 Abbreviation (English or Pinyin)	英文全称 Full Title (English)
卫生计生委	国家卫生和计划生育委员会	Wei Sheng Ji Sheng Wei	National Health and Family Planning Commission
工信部	工业和信息化部	MIIT or Gong Xin Bu	Ministry of Industry and Information Technology

中文缩略 Abbreviation (Chinese)	中文全称 Full Title (Chinese)	英文或拼音缩略 Abbreviation (English or Pinyin)	英文全称 Full Title (English)
央行或人行	中国人民银行	PBC or Yan Hang huo Ren Hang	The People's Bank of China
公安部	公安部	MPS or Gong An Bu	Ministry of Public Security
文化部	文化部	MOC or Wen Hua Bu	Ministry of Culture
水利部	水利部	MWR or Shui Li Bu	Ministry of Water Resources
发改委	国家发展和改革委员会	NDRC or Fa Gai Wei	National Development and Reform Commission
司法部	司法部	MOJ or Si Fa Bu	Ministry of Justice
外交部	外交部	MFA or Wai Jiao Bu	Ministry of Foreign Affairs
民政部	民政部	MCA or Min Zheng Bu	Ministry of Civil Affairs
交通部	交通运输部	MOC or Jiao Tong Bu	Ministry of Transport
农业部	农业部	MOA or Nong Ye Bu	Ministry of Agriculture

中文缩略 Abbreviation (Chinese)	中文全称 Full Title (Chinese)	英文或拼音缩略 Abbreviation (English or Pinyin)	英文全称 Full Title (English)
安全部	国家安全部	MSS or An Quan Bu	Ministry of State Security
人社部	人力资源和社会保障部	MOHRSS or Ren She Bu	Ministry of Human Resources and Social Security
财政部	财政部	MOF or Cai Zheng Bu	Ministry of Finance
住建部	住房和城乡建设部	MOHURD or Zhu Jian Bu	Ministry of Housing and Urban-Rural Development
国防科工委	国防科学技术工业委员会	COSTIND or Guo Fang Ke Gong Wei	Commission of Science, Technology and Industry for National Defense (COSTIND)
国防部	国防部	MOD or Guo Fang Bu	Ministry of National Defense
国家民委	国家民族事务委员会	SEAC or Guo Jia Min Wei	State Ethnic Affairs Commission
国资部	国土资源部	MLR or Guo Zi Bu	Ministry of Land and Resources
审计署	审计署	CNAO or Sheng Ji Shu	National Audit Office

中文缩略 Abbreviation (Chinese)	中文全称 Full Title (Chinese)	英文或拼音缩略 Abbreviation (English or Pinyin)	英文全称 Full Title (English)
环保部	环境保护部	MEP or Huan Bao Bu	Ministry of Environmental Protection
住建部	住房和城乡建设部	Zhu Jian Bu	Ministry of Housing and Urban-Rural Development
科技部	科学技术部	MOST or Ke Ji Bu	Ministry of Science and Technology
监察部	监察部	MOS or Jian Cha Bu	Ministry of Supervision
商务部	商务部	MOC or Shang Wu Bu	Ministry of Commerce
教育部	教育部	MOE or Jiao Yu Bu	Ministry of Education

2.4 国务院直属机构、办事机构、事业单位及部委管理的国家局和综合性行业协会(The Subordinate Organs, Business Offices, and Institutions Directly under the State Council, and the State Administrative Bureaus and Comprehesive Industrial Associations under the Administration of the Ministries or Commissions)

中文缩略 Abbreviation (Chinese)	中文全称 Full Title (Chinese)	英文或拼音缩略 Abbreviation (English or Pinyin)	英文全称 Full Title (English)
民航局	中国民用航空总局	CAAC or Min Hang Ju	Civil Aviation Administration of China

附录四 《法律缩略词语表》

中文缩略 Abbreviation（Chinese）	中文全称 Full Title（Chinese）	英文或拼音缩略 Abbreviation（English or Pinyin）	英文全称 Full Title（English）
国科工委	国防科学技术工业委员会	COSTIND or Guo Ke Gong Wei	Commission of Science, Technology and Industry for National Defense
证监会	中国证券监督管理委员会	CSRC or Zheng Jian Hui	China Securities Regulatory Commission
食药监局	国家食品药品监督管理局	SFDA or Shi Yao Jian Ju	State Food and Drug Administration
三峡委员会	国务院三峡工程建设委员会	San Xia Wei Yuan Hui	Three Gorges Project Construction Committee under the State Council
工商总局	国家工商行政管理总局	SAIC or Gong Shang Zong Ju	State Administration of Industry and Commerce
新闻出版广电总局	国家新闻出版广播电影电视总局	Xin Wen Chu Ban Guang Dian Zong Ju	State Administration of Radio, Film and Television
专卖局	国家烟草专卖局	TOBACCO or Zhuan Mai Ju	National Tobacco Monopoly Bureau
中医药管理局	国家中医药管理局	SATCM or Zhong Yi Yao Guan Li Ju	State Administration of Traditional Chinese Medicine
中纺协	中国纺织工业协会	CNTAC or Zhong Fang Xie	China National Textile and Apparel Council

中文缩略 Abbreviation (Chinese)	中文全称 Full Title (Chinese)	英文或拼音缩略 Abbreviation (English or Pinyin)	英文全称 Full Title (English)
中建协	中国建筑业协会	CCIA or Zhong Jian Xie	China Construction Industry Association
有色金属协会	中国有色金属工业协会	CNIA or You Se Jin Shu Xie Hui	China Nonferrous Metals Industry Association
中金协	中国金属材料流通协会	CUMETAL or Zhong Jin Xie	China Metal Material Circulation Association
中科院	中国科学院	CAS or Zhong Ke Yuan	Chinese Academy of Sciences
中轻联	中国轻工业联合会	CLII or Zhong Qing Lian	China National Light Industry Council
中钢协	中国钢铁工业协会	CISA or Zhong Gang Xie	China Iron &Steel Association
中煤协	中国煤炭工业协会	CNCA or Zhong Mei Xie	China National Coal Association
文物局	国家文物局	SACH or Wen Wu Ju	State Administration of Cultural Heritage
气象局	中国气象局	CMA or Qi Xiang Ju	Chinese Meteorological Administration
外专局	国家外国专家局	SAFEA or Wai Zhuan Ju	State Administration of Foreign Experts Affairs

附录四 《法律缩略词语表》

中文缩略 Abbreviation (Chinese)	中文全称 Full Title (Chinese)	英文或拼音缩略 Abbreviation (English or Pinyin)	英文全称 Full Title (English)
外汇局	国家外汇管理局	SAFE or Wai Hui Ju	State Administration of Foreign Exchange
电监会	国家电力监管委员会	SERC or Dian Jian Hui	State Electricity Regulatory Commission
石化协会	中国石油和化学工业协会	CPCIA or Shi Hua Xie Hui	China Petroleum and Chemical Industry Federation
地震局	国家地震局	SEA or Di Zhen Ju	State Earthquake Administration
安监总局	国家安全生产监督管理总局	SAWS or An Jian Zong Ju	State Administration of Work Safety
机关局	国务院机关事务管理局	Ji Guan Ju	Government Offices Administration of the State Council
自然科学基金会	国家自然科学基金委员会	NSFC or Zi Ran Ke Xue Ji Jin Hui	National Nature Science Foundation of China
行政学院	国家行政学院	CAG or Xing Zheng Xue Yuan	China Academy of Government (used to be National School of Administration)

中文缩略 Abbreviation (Chinese)	中文全称 Full Title (Chinese)	英文或拼音缩略 Abbreviation (English or Pinyin)	英文全称 Full Title (English)
体改委	国家经济体制改革委员会（1982—1998）	Ti Gai Wei	State Commission for Economic Restructuring (1982—1998)
社保基金	全国社会保障基金理事会	SSF or She Bao Ji Jin	National Council for Social Security Fund
社科院	中国社会科学院	CASS or She Ke Yuan	Chinese Academy of Social Sciences
证监会	中国证券监督管理委员会	CSRC or Zheng Jian Hui	China Securities Regulatory Commission
邮政局	国家邮政局	SPB or You Zheng Ju	State Post Bureau
供销总社	中华全国供销合作总社	CO-OP or Gong Xiao Zong She	All China Federation of Supply and Marketing Cooperatives
侨办	国务院侨务办公室	GQB or Qiao Ban	Overseas Chinese Affairs Office of the Sate Council
国研中心	国务院发展研究中心	DRC or Guo Yan Zhong Xin	Development Research Center of the State Council

附录四 《法律缩略词语表》

中文缩略 Abbreviation (Chinese)	中文全称 Full Title (Chinese)	英文或拼音缩略 Abbreviation (English or Pinyin)	英文全称 Full Title (English)
质检总局	国家质量监督检验检疫总局	AQSIQ or Zhi Jian Zong Ju	General Administration of Quality Supervision, Inspection and Quarantine
标准化委	国家标准化管理委员会	SAC or Biao Zhun Hua Wei	Standardization Administration of China
国资委	国务院国有资产监督管理委员会	SASAC or Guo Zi Wei	State-owned Assets Supervision and Administration Commission of the State Council
国税总局	国家税务总局	SAT or Guo Shui Zong Ju	State Administration of Taxation
国知局	国家知识产权局	SIPO or Guo Zhi Ju	State Intellectual Property Office
宗教局	国家宗教事务局	SARA or Zong Jiao Ju	State Administration for Religion Affairs
法制办	国务院法制办公室	LAF or Fa Zhi Ban	Legislative Affairs Office of the State Council
版权局	国家版权局	NCAC or Ban Quan Ju	National Copyright Administration of the PRC
物流联合会	中国物流与采购联合会	CFLP or Wu Liu Lian He Hui	China Federation of Logistics & Purchasing

中文缩略 Abbreviation（Chinese）	中文全称 Full Title（Chinese）	英文或拼音缩略 Abbreviation（English or Pinyin）	英文全称 Full Title（English）
环保总局	国家环境保护总局（现提升为环境保护部）	Huan Bao Zong Ju	State Bureau of Environmental Protection (now Ministry of Environmental Protection)
能源局	国家能源局	Neng Yuan Ju	National Energy Administration
保监会	中国保险业监督管理委员会	CIRC or Bao Jian Hui	China Insurance Regulatory Commission
保密局	国家保密局	Bao Mi Ju	State Secret Safeguard Administration
统计局	国家统计局	NBS or Tong Ji Ju	National Bureau of Statistical
档案局	国家档案局	SAAC or Dang An Ju	State Archive Administration of China
海洋局	国家海洋局	SOA or Hai Yang Ju	State Oceanic Administration
商联会	中国商业联合会	CGCC or Shang Lian Hui	China General Chamber of Commerce
全国工商联	中华全国工商业联合会	ACFIC or Quan Guo Gong Sang Lian	All China Federation of Industry and Commerce

附录四 《法律缩略词语表》

中文缩略 Abbreviation (Chinese)	中文全称 Full Title (Chinese)	英文或拼音缩略 Abbreviation (English or Pinyin)	英文全称 Full Title (English)
教委	国家教育委员会（现教育部）	Jiao Wei	State Education Commission (Ministry of Education)
银监会	银行业监督管理委员会	CBRC or Yin Jian Hui	China Banking Regulatory Commission
港澳办	国务院港澳办公室	HMO or Gang Ao Ban	Hong Kong and Macao Affairs Office of the State Council
新华社	新华通讯社	Xinhua or Xin Hua She	Xinhua (New China) News Agency
新闻办	国务院新闻办公室	SCIO or Xin Wen Ban	State Council's Information Office
粮食局	国家粮食局	Liang Shi Ju	State Administration of Grains

2.5 国家级金融机构及经济实体(Financial Institutions and Economic Entities of the State)

中文缩略 Abbreviation (Chinese)	中文全称 Full Title (Chinese)	英文或拼音缩略 Abbreviation (English or Pinyin)	英文全称 Full Title (English)
中航一公司	中国航空工业第一集团公司	AVIC1 or Zhong Hang yi Gong Si	China Aviation Industry (Group) Corporation I

中文缩略 Abbreviation (Chinese)	中文全称 Full Title (Chinese)	英文或拼音缩略 Abbreviation (English or Pinyin)	英文全称 Full Title (English)
中航二公司	中国航空工业第二集团公司	AVIC2 or Zhong Hang er Gong Si	China Aviation Industry Corporation II
中汽	中国汽车工业总公司	CAIEC or Zhong Qi	China Automobile Industrial Corporation
中航天	中国航天科工集团公司	CASIC or Zhong Hang Tian	China-Aerospace Science and Industry Corporation
航天科技	中国航天科技集团公司（原中国航天机电集团公司）	CASTC or Hang Tian Ke Ji	China Aerospace Science and Technology Corporation
中国一重	中国第一重型机械集团公司	CFHI or Zhong Guo yi Zhong	China First Heavy Industrial Group Corporation
中国二重	中国第二重型机械集团公司	CSHI or Zhong Guo er Zhong	China Second Heavy Industrial Group Corporation
中核建设	中国核工业建设集团公司	CNECC or Zhong He Jian She	China Nuclear Engineer & Construction Group Corporation
北方工业	中国兵器工业集团公司（对外名称中国北方工业集团公司）	CNGC or Bei Fan Gong Ye	China North Industries Group Corporation

中文缩略 Abbreviation (Chinese)	中文全称 Full Title (Chinese)	英文或拼音缩略 Abbreviation (English or Pinyin)	英文全称 Full Title (English)
中核集团	中国核工业集团公司	CNNC or Zhong He Ji Tuan	China National Nuclear (Group) Corportion
中海油	中国海洋石油总公司	CNOOC or Zhong Hai You	China National Offshore Oil Corporation
中石油	中国石油天然气集团公司	CNPC or Zhong Shi You	China National Petro Corporation
中船重工	中国船舶重工集团公司	CSIC or Zhong Chuan Zhong Gong	China Shipbuilding Industry Corporation
中船工业	中国船舶工业集团公司	CSSC or Zhong Chuan Gong Ye	China State Shipbuilding Corporation
东电集团	中国东方电气集团公司	DEC or Dong Dian Ji Tuan	Dongfang Electric Corporation
东汽	东风汽车公司	DFAC or Dong Qi	Dongfeng Automobile Corporation
国家开发	国家开发投资公司	SDIC or Guo Jia Kai Fa	State Development and Investment Corporation
中化集团	中国中化集团公司，前身：中国化工进出口总公司	Sinochem or Zhong Hua Ji Tuai	Sinochem Corporation, its predecessor is China National Chemicals Import & Export Corporation

中文缩略 Abbreviation (Chinese)	中文全称 Full Title (Chinese)	英文或拼音缩略 Abbreviation (English or Pinyin)	英文全称 Full Title (English)
人保	中国人寿保险总公司	China Life or Ren Bao	China Life Insurance (Group) Company
人保公司	中国人民保险公司	PICC or Ren Bao Gong Si	People's Insurance Company of China
三建委	国务院三峡工程建设委员会	San Jian Wei	Three Gorges Project Construction Commission of the State Council
工行	中国工商银行	ICBC or Gong Hang	Industrial and and Commercial Bank of China
中行	中国银行	BOC or Zhong Hang	Ban of China Limited by Share Ltd
交行	中国交通银行	BOC or Jiao Hang	Bank of Communications
农发行	中国农业发展银行	ADBC or Nong Fa Hang	Agriculture Development Bank of China
农行	中国农业银行	ABC or Nong Hang	Agricultural Bank of China
建行	中国建设银行	CCB or Jian Hang	China Construction Bank
开发银行	国家开发银行	CDB or Kai Fa Yin Hang	China Development Bank

附录四 《法律缩略词语表》

中文缩略 Abbreviation (Chinese)	中文全称 Full Title (Chinese)	英文或拼音缩略 Abbreviation (English or Pinyin)	英文全称 Full Title (English)
进出口银行	中国进出口银行	China Exim Bank or Jin Chu Kou Ying Hang	The Export-Import Bank of China
中化	中国化工进出口总公司	Sinochem or Zhong Hua	Sinochem Corporation
中包	中国包装总公司	Chinapack or Zhong Bao	China National Packaging Corporation
中远	中国远洋运输(集团)总公司	COSCO or Zhong Yuan	China Ocean Shipping (Group) Company
中石化	中国石油化工集团公司	SINOPEC or Zhong Shi Hua	China Petrochemical (Group) Corporation
中国移动	中国移动通信集团公司	China Mobile or Zhong Guo Yi Dong	China Mobile Limited
中国一汽	中国第一汽车集团公司	FAW or Zhong Guo Yi Qi	China FAW Group Corporation
中建	中国建筑工程总公司	CSCEC or Zhong Jian	China State Construction Engineering Corporation
中信	中国国际信托投资公司	CITIC or Zhong Xin	China International Trust and Investment Corporation

中文缩略 Abbreviation (Chinese)	中文全称 Full Title (Chinese)	英文或拼音缩略 Abbreviation (English or Pinyin)	英文全称 Full Title (English)
中核	中国核工业集团公司	CNNC or Zhang He	China National Nuclear (Group) Corportion
中国海运	中国海运(集团)总公司	China Shipping or Zhong Guo Hai Yun	China Shipping (Group) Company
中船	中国船舶工业集团公司	CSSC or Zhong Chuan	China State Shipbuilding Corporation
中铝	中国铝业公司	CHINALCO or Zhang Lü	Aluminum Corporation of China
中粮	中国粮油食品进出口(集团)总公司	COFCO or Zhong Liang	China Cereals, Oils & Foodstuffs Import & Export (Group) Corporation Limited
五矿	中国五矿公司(原名:中国五金矿产进出口公司)	China Minmetals or Wu Kuang	China Minmetals Corporation (used to be China National Metals and Minerals Import and Export Company)
中国电信	中国电信集团公司	China Telecom or Zhong Guo Dian Xin	China Telecom

附录四 《法律缩略词语表》

中文缩略 Abbreviation (Chinese)	中文全称 Full Title (Chinese)	英文或拼音缩略 Abbreviation (English or Pinyin)	英文全称 Full Title (English)
南方工业	中国兵器装备集团公司（对外名称中国南方工业集团公司）	CSGC or Nan Fan Gong Ye	China's Weapon Group Corporation (China South Industries Group)
国投	国家开发投资公司	SDIC or Guo Tou	State Development and Investment Corporation
宝钢	上海宝钢集团公司	BaoSteel or Bao Gang	BaoShan Iron and Steel (Group) Corporation
武钢	武汉钢铁（集团）公司	WISCO or Wu Gang	Wuhan Iron and Steel (Group) Corporation
哈电集团	哈尔滨电站设备集团公司	HPEC or Ha Tian Ji Tuan	Haerbing Electrical Power Station Equipment Group Corporation
神华集团	神华集团有限责任公	Sheng Hua Ji Tuan	Shenghua Group Co. Ltd.
通用技术	中国通用技术（集团）控股有限责任公司	Genertec or Tong Yong Ji Shu	China General Technology Group Holding Limited
中国联通	中国联合通信有限公司	China Unicom or Zhong Guo Lian Tong	China Unicom
中储粮	中国储备粮管理总公司	Sinograin or Zhong Chu Liang	China Grain Reserve Corporation

中文缩略 Abbreviation (Chinese)	中文全称 Full Title (Chinese)	英文或拼音缩略 Abbreviation (English or Pinyin)	英文全称 Full Title (English)
鞍本	鞍本钢铁（集团）公司	An Ben	Anben Steel Group
鞍钢集团	鞍山钢铁集团公司	An Gang Ji Tuan	Anshang Steel Group Corporation

2.6 全国性人民团体、民主党派机关（Democratic Parties and National Associations）

中文缩略 Abbreviation (Chinese)	中文全称 Full Title (Chinese)	英文或拼音缩略 Abbreviation (English or Pinyin)	英文全称 Full Title (English)
台联	中华全国台湾同胞联谊会	ACTA or Tai Lian	All China Taiwanese Association
中职政研会	中国职工思想政治工作研究会	CAECC or Zhong Zhi Zheng Yan Hui	Chinese Association for Enterprise Culture Construction
	宋庆龄基金会	SCLF or Song Qing Ling Ji Jin Hui	Song Ching Ling Foundation
	欧美同学会	WRSA or O Mei Tong Xue Hui	Western Returned Scholars Association

附录四 《法律缩略词语表》

中文缩略 Abbreviation (Chinese)	中文全称 Full Title (Chinese)	英文或拼音缩略 Abbreviation (English or Pinyin)	英文全称 Full Title (English)
九三学社	九三学社	Jiu San Xue She	September 3rd Society
人民政协	中国人民政治协商会议	CPPCC or Ren Min Zheng Xie	Chinese People's Political Consultative Conference (CPPCC)
中国记协	中华全国新闻工作者协会	ACJA or Zhong Guo Ji Xie	All China Journalists Association
关工委	中国关心下一代工作委员会	Guan Gong Wei	China National Committee for the Wellbing of the Youth
少先队	中国共产主义少年先锋队	Shao Xian Dui	Chinese Communist Young Pioneers
文联	中国文学艺术界联合会	CFLAC or Wen Lian	China Federation of Literary and Art Circles
台盟	台湾民主自治同盟	Tai Meng	Taiwan Democratic Self-government Administration
外交学会	中国人民外交学会	CPIFA or Wai Jiao Xie Hui	Chinese People's Institute of Foreign Affairs
民进	中国民主促进会	CAPD or Min Jin	China Association for Promoting Democratcy

中文缩略 Abbreviation (Chinese)	中文全称 Full Title (Chinese)	英文或拼音缩略 Abbreviation (English or Pinyin)	英文全称 Full Title (English)
民建	中国民主建国会	CDNCA or Min Jian	China Democratic National Construction Association
民革	中国国民党革命委员会	Min Ge	Chinese Revolutionary Nationist Party (Kumintang) Committee
民革中央	中国国民党革命委员会中央委员会	Min Ge Zhong Yang	The Central Committee of Revolutionary Committee of Kuomintang (Nationist Party)
民盟	中国民主同盟	CDL or Min Meng	China Democratic League
工商联	中华全国工商业联合会	ACFIC or Gong Shang Lian	All-China Federation of Industry &Commerce
侨联	中华全国归国华侨联合会	ACFROC or Qiao Lian	All-China Federation of Returned Overseas Chinese
学联	中华全国学生联合会	ACSF or Xue Lian	All-China Students Federation
青联	中华全国青年联合会	ACFY or Qing Lian	All-China Federation of Youth

附录四 《法律缩略词语表》

中文缩略 Abbreviation (Chinese)	中文全称 Full Title (Chinese)	英文或拼音缩略 Abbreviation (English or Pinyin)	英文全称 Full Title (English)
共青团	中国共产主义青年团	CYLC or Gong Qing Tuan	Communist Youth League of China
农工党	中国农工民主党	CPWDP or Nong Gong Dang	Chinese Peasants and Workers Democratic Party
团中央	中国共产主义青年团中央委员会	Tuan Zhong Yang	The Central Committee of the Communist Youth League of China
妇联	中华全国妇女联合会	ACWF or Fu Lian	All China Women's Federation
红十字会	中国红十字会	RCSC or Hong Shi Zi Hui	Red Cross Society of China
佛协	中国佛教协会	BCA or Fo Xie	Chinese Buddhist Association
作协	中国作家协会	CWS or Zuo Xie	China Writers Society
法学会	中国法学会	Fa Xue Hui	China Law Society
律协	全国律师协会	ACLA or Lü Xie	All-China Lawyer Association
总工会	中华全国总工会	ACFTU or Zong Gong Hui	All-China Federation of Trade Union

中文缩略 Abbreviation (Chinese)	中文全称 Full Title (Chinese)	英文或拼音缩略 Abbreviation (English or Pinyin)	英文全称 Full Title (English)
政协	中国人民政治协商会议	CPPCC or Zheng Xie	Chinese People's Political Consultative Conference (CPPCC)
科协	中国科学技术协会	CAST or Ke Xie	China Association for Science and Technology
贸促会	中国国际贸易促进委员会	CCPIT or Mao Cu Hui	China Council for the Promotion of International Trade
消协	中国消费者协会	CCA or Xiao Xie	Chinese Consumers' Association
致公党	中国致公党	CZGD or Zhi Gong Dang	China Zhi Gong Dang
职教社	中华职业教育社	NAVAC or Zhi Jiao She	National Assocaite of Vocational Education of China
道协	中国道教协会	CTA or Dao Xie	Chinese Taoist Association
福利会	中国福利会	CWI or Fu Li Hui	China Welfare Institute

附录四 《法律缩略词语表》

2.7 用在国家机关文件号中的国家机关缩略语（Abbreviations of Government Organs Used as the Leaders of Government Document Numbers）

中文缩略 Abbreviation (Chinese)	中文全称 Full Title (Chinese)	英文或拼音缩略 Abbreviation (English or Pinyin)	英文全称 Full Title (English)
价	国家物价局	Jia	State Pricing Administration
体	国家体育总局	Ti	State Sports Administation
公	公安部	Gong	Ministry of National Defense
农	农业部	Nong	Ministry of Agriculture
劳	劳动部	Lao	Ministry of Labor
卫	卫生部	Wei	Ministry of Health
交	交通部	Jiao	Transportation Ministry
商	商务部	Shang	Ministry of Commerce
国三峡委	国务院三峡工程建设委员	Guo San Xia Wei	Three Gorges Project Construction Committee under the State Council
国人调组	国务院全国1％人口抽样调查领导小组	Guo Ren Diao Zu	1％ Censor Leading Group of the State Council

中文缩略 Abbreviation (Chinese)	中文全称 Full Title (Chinese)	英文或拼音缩略 Abbreviation (English or Pinyin)	英文全称 Full Title (English)
国侨	国务院侨务办公室	Guo Qiao	Overseas Chinese Affair Office of the State Council
国动	国家国防动员委员会	Guo Dong	State Commission for National Defense Mobilization
国土	国家土地管理局	Guo Tu	State Land Administration
国外办	国务院外事办	Guo Wai Ban	Foreign Affair Office of the State Council
国机采	中央国家机关政府采购中心	Guo Ji Cai	Procurement Center of the Central Government
国气	国家气象局	Guo Qi	Chinese Meteorological Administration
国测	国家测绘局	Guo Ce	State Survey and Drawing Administration
国环	国务院环保委员会	Guo Huan	Eviromental Proection Committee of the State Council
国知	国家知识产权局	Sipo or Guo Zhi	State Intellectual Property Office

附录四 《法律缩略词语表》

中文缩略 Abbreviation (Chinese)	中文全称 Full Title (Chinese)	英文或拼音缩略 Abbreviation (English or Pinyin)	英文全称 Full Title (English)
国科	国家科学技术部	Guo Ke	Ministry of Sicence and Technology
国税	国家税务总局	Guo Shui	State Taxation Administration
国管	国务院机关事务管理局	Guo Guan	Government Offices Administration of the State Council
国统	国家统计局	Guo Tong	State Statistics Administration
妇	中华全国妇女联合会	Fu	Chinese Women Federation
安	国家安全部	An	Ministry of State Security
安委	国务院安全生产委员会	An Wei	Production Safety Committee of the State Council
安监	国家安全生产监督管理总局	An Jian	State Predution Safety Supervision Administration
宗	国务院宗教事务局	Zong	Religion Affair Administration of the State Council

中文缩略 Abbreviation (Chinese)	中文全称 Full Title (Chinese)	英文或拼音缩略 Abbreviation (English or Pinyin)	英文全称 Full Title (English)
审	审计署	Shen	State Auditing Administration
工商	国家工商行政管理总局	Gong Shang	State Industrial and Commercial Administration
建	建设部	Jian	Ministry of Construction
教	国家教育委员会/教育部	Jiao	State Education Commission/Ministry of Education
教科文卫	全国人大教科文卫委员会	Jiao Ke Wen Wei	Education, Science, Culture, Health Commission of the NPC
文	文化部	Wen	Ministry of Culture
文物	国家文物局	Wen Wu	State Cultural Relics Administration
新出	国家新闻出版署	Xin Chu	State Press and Publishing Administration
旅	国家旅游局	Lu	State Tourist Administratioin
权	国家版权局	Quan	State Copyright Administration
林	国家林业局	Lin	State Forest Administration

中文缩略 Abbreviation (Chinese)	中文全称 Full Title (Chinese)	英文或拼音缩略 Abbreviation (English or Pinyin)	英文全称 Full Title (English)
民	民政部	Min	Ministry of Civil Affairs
民委	国家民族事务委员会	Min Wei	National Ethnic Affairs Commission
民航	中国民用航空总局	Min Hang	Civil Aviation Bureau
港办	国务院港澳事务办公室	Gang Ban	Hong Kong and Macao Affairs Office under the State Council
煤	煤炭工业部	Mei	Ministry of Coal
煤安监	国家煤矿安全监察局	Mei An Jian	State Coal Mine Saftely Supervision Bureau
爱卫	全国爱国卫生运动委员会	Ai Wei	All-China Patriotic Hygiene Campaign Committee
环管	环保局	Huan Guan	State Enviromental Protection Administration
科协	中国科学技术协会	Ke Xie	China Science and Technology Association
科工	国防科工委	Ke Gong	National Defense Commission of Science and Technology

中文缩略 Abbreviation (Chinese)	中文全称 Full Title (Chinese)	英文或拼音缩略 Abbreviation (English or Pinyin)	英文全称 Full Title (English)
组	中共中央组织部	Zu	Organization Department of the Central Committee of the CCP
署	海关总署	Shu	State Custom Administration
证监	中国证券监督管理委员会	Zheng Jian	China Securities Regulatory Commission
财	财政部	Cai	Ministry of Finance
部	外交部	Bu	Ministry of Foreign Affairs
铁	铁道部	Tie	Ministry of Railways
防	国防部	Fang	Ministry of Defense
震	国家地震局	Zhen	State Earthquake Administration

[China Youth Daily or《中国青年报》] at http://www.cyol.com/zqb/gb/zqb/ 2004-02/06/content _ 813990. htm (last visited October 12, 2011).

- Jia Wei［贾纬］, *Cai yong ji ti su song tiao jian shang bu ju bei*［采用集体诉讼条件尚不具备 or *Conditions for Adopting the System of Group Actions Are Not Ready Yet*］, October 29, 2002 Zhongguo zheng quan bao [China Securities or《中国证券报》] Electronic Version, at http://www.stocknews.com.cn /ztyj/zqsc/ 200210291161.htm(last visited Nov. 18, 2004).

3. 美国《蓝皮书》有关国际法律文献的引注规则

3.1 国际条约或公约

按照《联合国宪章》(Charter of the United Nations)第102条的有关规定,联合国的会员国要尽快向联合国秘书处报备双边和多边条约,而联合国秘书处则要及时出版所有的条约和公约,并提供和出版英文和法文版的条约和公约集,即《联合国条约系列集》(United Nations Treaty Series or U.N.T.S. for short)。所以当引用中国签订的国际条约或公约时,如有可能,应尽量引用《联合国条约系列集》里的英文版本,即:xxx 卷 U.N.T.S. xxx 页。

3.1.1 双边条约的基本引注要素和格式要求

Title of agreement(条约或公约标题) date of signing(签订日期) China-the short form of the foreign country's name article cited(引注条文条码) publication source(出版源)。

例一:

Agreement between the Government of the United States of America and the Government of the People's Republic of China with Respect to Mutual Exemption from Taxation on Transportation Income of Shipping and Air Transport Enterprises, March 5, 1982,引注为:

3. 中国直辖市、省、自治区简称 (The Abbreviations of Chinese Provinces and the Metropolitan Cities Directly under the Central Government)

中文缩略 Abbreviation (Chinese)	中文全称 Full Title (Chinese)	英文或拼音缩略 Abbreviation (English or Pinyin)	英文全称 Full Title (English)
川、蜀	四川省	Chuan or Shu	Sichuan
内蒙	内蒙古自治区	Nei Meng	Inner Mogonia Autonomy
台	台湾省	Tai	Taiwan
宁	宁夏回族自治区	Ning	Ningxia Huizu Autonomy Region
甘、陇	甘肃省	Gan or Long	Gansu
辽	辽宁省	Liao	Liaoning
吉	吉林省	Ji	Jilin
沪	上海市	Hu	Shanghai
苏	江苏省	Su	Jiangsu
京	北京市	Jing	Beijing (Peking)
陕、秦	陕西省	Shan or Qin	Shanxi
青	青海省	Qing	Qinghai
津	天津市	Jin	Tianjin
闽	福建省	Min	Fujian
晋	山西省	Jin	Shanxi
桂	广西壮族自治区	Gui	Guangxi Zhuangzu Autonomy Region
浙	浙江省	Zhe	Zhejian

中文缩略 Abbreviation (Chinese)	中文全称 Full Title (Chinese)	英文或拼音缩略 Abbreviation (English or Pinyin)	英文全称 Full Title (English)
鄂	湖北省	E	Hubei
渝	重庆市	Yu	Chongqing
港	香港特别行政区	Gang	Hong Kong Special Administrative District
湘	湖南省	Xiang	Hunan
琼	海南省	Qiong	Hainan
皖	安徽省	Wan	Anhui
粤	广东省	Yue	Guangdong
鲁	山东省	Lu	Shandong
黑	黑龙江省	Hei	Heilongjiang
新	新疆维吾尔自治区	Xin	Xinjiang Weiwuer Autonomy Region
滇、云	云南省	Dian or Yun	Yunnan
澳	澳门特别行政区	Ao	Macao Special Administrative District
豫	河南省	Yu	Henan
冀	河北省	Ji	Hebei
黔、贵	贵州省	Qian or Gui	Guizhou
藏	西藏自治区	Zang	Xizang Autonomy Region
赣	江西省	Gan	Jiangxi

4. 国际组织 (International Organizations)

中文缩略 Abbreviation (Chinese)	中文全称 Full Title (Chinese)	英文或拼音缩略 Abbreviation (English or Pinyin)	英文全称 Full Title (English)
安理会	安全理事会	An Li Hui	Security Council SC
巴解组织	巴勒斯坦解放组织	Ba Jie Zu Zhi	Palestine Liberation Organization (PLO)
北约	北大西洋公约组织	Bei Yue	North Atlantic Treaty Organization (NATO)
东盟	东南亚国家联盟	Dong Meng	Association of Southeast Asian Nations (ASEAN)
儿童基金委	联合国儿童基金委	Er Tong Ji Jin Wei	United Nations Children's Fund (UNICEF)
非统	非洲国家统一组织	Fei Tong	Organization of African Unity
复兴开发银行	国际复兴开发银行	Fu Xing Kai Fa Yin Hang	International Bank for Reconstruction and Development IBRD
工发组织	联合国工业发展组织	Gong Fa Zu Zhi	United Nations Industrial Development Organization (UNIDO)
关贸总协定	关税及贸易总协定	Guan Mao Zong Xie Ding	General Agreement on Tariffs and Trade (GATT)

中文缩略 Abbreviation (Chinese)	中文全称 Full Title (Chinese)	英文或拼音缩略 Abbreviation (English or Pinyin)	英文全称 Full Title (English)
国际电联	国际电信联盟	Guo Ji Dian Lian	International Telecommunications Union (ITU)
国际民航组织	国际民用航空组织	Guo Ji Min Hang Zu Zhi	International Civil Aviation Organization (ICAO)
国际刑警组织	国际刑事警察组织	Guo Ji Xing Jing Zu Zhi	International Criminal Police Organization (INTERPOL)
海事组织	国际海事组织	Hai Shi Zu Zhi	International Maritime Organization (IMO)
环发大会	联合国环境与发展大会	Huan Fa Da Hui	United Nations Conference on Environment and Development (UNCED)
环境规划署	联合国环境规划署	Huan Jing Gui Hua Shu	United Nation Environment Program (UNEP)
货币基金组织	国际货币基金组织	Huo Bi Ji Jin Zu Zhi	International Monetary Fund (IMF)
教科文组织	联合国教育、科学及文化组织	Jiao Ke Wen Zu Zhi	United Nations Educational, Scientific and Cultural Organization (UNESCO)

中文缩略 Abbreviation (Chinese)	中文全称 Full Title (Chinese)	英文或拼音缩略 Abbreviation (English or Pinyin)	英文全称 Full Title (English)
禁毒署	联合国麻醉品管制署	Jin Du Shu	United Nations International Drug Control Program (UNIDCP)
金融公司	国际金融公司	Jin Rong Gong Si	International Finance Corporation) (IFC)
经互会	经济互助委员会	Jing Hu Hui	Council for Mutual Economic Assistance (CMEA)
经社理事会	经济及社会理事会	Jing She Li Shi Hui	Economic and Social Council (ESC)
救济总署	联合国善后救济总署	Jiu Ji Zong Shu	United Nations Relief and Rehabilitation Administration (UNRRA)
开发计划署	联合国开发计划署	Kai Fa Ji Hua Shu	United Nations Development Program (UNDP)
开发协会	国际开发协会	Kai Fa Xie Hui	International Development Association (IDA)
劳工组织	国际劳工组织	Lao Gong Zu Zhi	International Labor Organization (ILO)
联大	联合国大会	Lian Da	General Assembly of the United Nations (UNGA)

中文缩略 Abbreviation (Chinese)	中文全称 Full Title (Chinese)	英文或拼音缩略 Abbreviation (English or Pinyin)	英文全称 Full Title (English)
粮农组织	联合国粮食与农业组织	Liang Nong Zu Zhi	Food and Agricultural Organization of the United Nations (FAO)
粮食理事会	世界粮食理事会	Liang Shi Li Shi Hui	World Food Council
贸发会议	联合国贸易和发展会议	Mao Fa Hui Yi	United Nations Conference on Trade and Development (UNCTAD)
难民专员办事处	联合国难民事务高级专员办事处	Nan Min Zhuan Yuan Ban Shi Chu	Office of the United Nations High Commissioner for Refugees (UNHCR)
农发基金	国际农业发展基金	Nong Fa Ji Jin	International Fund for Agricultural Development (IFAD)
欧安会	欧洲安全与合作会议	Ou An Hui	Conference on Security and Cooperation in Europe
欧共体	欧洲经济共同体	Ou Gong Ti	European Economic Community
欧盟	欧洲联盟	Ou Meng	European Union
欧洲议会	欧洲共同体议会	Ou Zhou Yi Hui	European Parliament

中文缩略 Abbreviation (Chinese)	中文全称 Full Title (Chinese)	英文或拼音缩略 Abbreviation (English or Pinyin)	英文全称 Full Title (English)
气象组织	世界气象组织	Qi Xiang Zu Zhi	World Meteorological Organization (WMO)
人口基金	联合国人口活动基金	Ren Kou Ji Jin	United Nations Fund for Population Activities (UNFPA)
万国邮政	万国邮政联盟	Wan Guo You Zheng	Universal Postal Union (UPU)
卫生组织	世界卫生组织	Wei Sheng Zu Zhi	World Health Organization (WHO)
训研所	联合国训练研究所	Xun Yan Suo	United Nations Institute for the Training and Research (UNITAR)
亚太经社委员会	联合国亚洲及太平洋经济及社会委员会	Ya Tai Jing She Wei Yuan Hui	United Nations Economic and Social Commission for Asia and the Pacific (ESCAP)
原子能机构	国际原子能机构	Yuan Zi Neng Ji Gou	International Atomic Energy Agency (IAEA)

5.《法律缩略词语表》主要参考书目

- 《法律辞典》(Law dictionary),中国社会科学院法学研究所法律辞典编委会编,法律出版社 2003 年版。
- 《汉英法律词典》(A Chinese-English law dictionary),《汉英法律词典》编委会编,中国商业出版社 1995 年版。
- 《法律辞海》,王啓富、陶髦主编,周忠海、郭成伟、率蕴铤副主编。吉林人民出版社 1998 年版。
- Dictionary of Chinese law and government, Chinese-English / Philip R. Bilancia, Stanford, Calif. : Stanford University Press, 1981.
- 北京大学法学百科全书编委会编:《宪法学 行政法学》《中国法律思想史 中国法制史 外国法律思想史 外国法制史》《民事诉讼法学 刑事诉讼法学 行政诉讼法学 司法鉴定学 刑事侦查学》《刑法学 犯罪学 监狱法学》《民法学 商法学》,北京大学出版社 1999—2000 年版。
- 《国际法资料选编》,刘颖、吕国民编,中信出版社 2004 年版。
- 《实用缩略语词典》,王吉辉主编,上海辞书出版社 2003 年版。
- 《现代汉语缩略词语研究》,王吉辉著,天津人民出版社 2001 年版。
- 《现代汉语略语词典》,王均熙编著,文汇出版社 1998 年版。
- 《实用缩略语知识词典》,雅坤、秀玉主编,新世界出版社 1992 年版。
- 《国际贸易与金融英语缩略语词典》,曹治宏编,湖南科学技术出版社 1991 年版。
- 《实用英汉经贸缩略语词典》,董成玺主编、李力等编著,法律出版社 1991 年版。
- 《汉语缩略语词典》,施宝义、徐彦文编,外语教学与研究出版社 1990 年版。
- 《实用汉英词典》(Practical Chinese-English dictionary),主编吴光华,青岛出版社 2004 年版。
- 《实用汉英分类生活词典》(Classified Chinese-English Dictionary of everyday expressions),王文明、陈清芳、吴汉梅主编,湖北教育出

版社 2003 年版。
- 《柯林斯英汉汉英词典》,英国柯林斯出版公司编,外语教学与研究出版社 2004 年版。
- 《新时代汉英词典》(New age concise Chinese-English dictionary),潘绍中主编,商务印书馆 2002 年版。
- 《20 世纪中国社会熟语汉英词典》,袁南生、郑开春编,华夏出版社 2004 年版。
- 《WTO 经贸/电子商务汉英词典》(WTO/Chinese-English dictionary of economics and business and E-commerce),景煌、刘文忠编著,中国财政经济出版社 2002 年版。

附录五 《蓝皮书》有关中国司法、政府机关、公报等常用的法律名词的英文缩略词语对照表

中文	拼音	英文缩略词
最高人民法院	Zui gao ren min fa yuan	Sup. People's Ct.
上海中级人民法院	Shanghai zhong ji ren min fa yuan	Shanghai Interm. People's Ct
国务院	Guo wu yuan	St. Council
全国人民代表大会常务委员会	Quan guo ren min dai biao da hui Chang wu wei yuan hui	Standing Comm. Nat'l People's Cong
《中国专利与商标》	Zhongguo zhuan li yu shang biao	China Pat. & Trademarks
《中国法律年鉴》	Zhongguo fa lü nian jian	Law Y. B. China
《中华人民共和国最高人民法院公报》	Zhonghua Renmin Gongheguo Zui gao ren min fa yuan gong bao (Gazette of the Supreme People's Court of the People's Republic of China)	Sup. People's Ct. Gaz.

中文	拼音	英文缩略词
《中华人民共和国最高人民检察院公报》	Zhonghua Renmin Gongheguo Zui gao ren min jian cha yuan gong bao (Gazette of the Supreme People's Procuratorate of the People's Republic of China)	Sup. People's Proc. Gaz.
《中华人民共和国全国人民代表大会常务委员会公报》	Zhonghua Renmin Gongheguo Quan guo ren min dai biao da hui Chang wu wei yuan hui gong bao (Gazette of the Standing Committee of the National People's Congress of the People's Republic of China)	Standing Comm. Nat'l People's Cong. Gaz.
《中华人民共和国国务院公报》	Zhonghua Renmin Gongheguo guo wu yuan gong bao (Gazette of the State Council of the People's Republic of China)	St. Council Gaz.
《中华人民共和国法律全书》(1949—)	Zhonghua Renmin Gongheguo fa lü quan shu	Fa Lü Quan Shu 1949-date
《中华人民共和国法规汇编》(1954—1963,1979—)	Zhonghua Renmin Gongheguo fa gui hui bian	Fa Gui Hui Bian 1954—1963, 1979-date
《中华人民共和国条约集》(1949—)	Zhonghua Renmin Gongheguo tiao yue ji	Tiao Yue Ji 1949-date
《中华人民共和国多边条约集》(1875—)	Zhonghua Renmin Gongheguo duo bian tiao yue ji	Duo Bian Tiao Yue Ji 1875-date

附录六 美、英、法、德、日、韩法律引注体系简介

美国的法律学术和实务界对引注要求相当严格,法律文书中作者所讲的每个观点或主张都必须引之有据。美国对引注格式的研究运用和统一化运动开始较早。随着图书出版方式的变化、信息传播载体的进步和法律出版物的增加,引注格式也在不断改进。所以,美国的法律引注经验对中国统一法律引注的标准有一定的借鉴作用。

据笔者的研究和调查,特别是 2004 年 7 月 28 日至 30 日在"外国与国际法律检索电子论坛(Foreign & International Legal Research Listserv)"上的调查发现,法国和德国没有专门用于法律文书的引注指南或标准。在法国,法律文书的引注标准主要是按照《如何引注文献》(Comment rédiger une bibliographie)的引注指南作引注的。该书不是专门为法律学科设立,因而法国的法律同行,为法国没有专门的法律文书引注标准指南常感到遗憾。德国的情况也是如此,德国只有一些书籍介绍法律术语专有名词的缩略语,如 Kirchner/Butz:Abkürzungsverzeichnis der Rechtssprache(Berlin:De Gruyter Recht,2003)。[①]

[①] 2004 年 7 月 28 日,笔者在"外国与国际法律检索电子论坛(Foreign & International Legal Research Listserv)"上,发了一个电子邮件(题名为"INT-LAW foreign Uniform Citations?"),询问法律图书馆的同行有关英国、法国、德国法律引注标准。并在 28 至 30 日间收到了分别来自英国、法国、德国同行的回电。他们在回电中介绍了各自国家法律引注标准的概况。有关的电子邮件可在 Foreign & International Legal Research Listserv 的档案库里(http://listhost.ciesin.org/lists/public/int-law/)按发表日期找到。

而英国和加拿大都有类似美国的、比较成熟的法律引注研究和成文的指南供法律界采用。过去,日本也没有一个比较统一的法律引注标准。到了1989年,日本才出版了一套统一的法律引注指南。因为加拿大的法律引注标准有许多和美国的标准相似,所以本文重点介绍美国法律引注的统一化运动及其规则和标准,并简要地介绍英国、日本和韩国的法律引注标准。希望外国的经验和做法,对建立一套适合中国国情的法律引注系统有所帮助。

1. 美国法律引注体系统一化简史

第一部关于美国法律引注的标准手册可追溯到由美国内布拉斯加州最高法院判例集(Reporter of the Nebraska Supreme Court)编委出版,称为《引注规则》(Rules for Citations)的小手册,① 而美国法律引注体系统一化的开始则可追溯到哈佛大学法学院的前院长 Erwin Griswold。1926年,当他还是哈佛大学法学院学生时,就开始编印一套统一法律注释体系的手册,即第1版的《统一注释体系》(A Uniform Citation System),供《哈佛大学法学评论》编委会使用。② 后来为了编辑和出版的方便,哈佛、耶鲁、哥伦比亚和宾西法尼亚这4所大学的法学评论社的编委聚在一起,在《哈佛大学法学评论》使用的《统一注释体系》基础上,重新修订了《统一注释体系》,并于1934年出版了第4版的《统一注释体系》,供法律界参考采用。此后,《统一注释体系》就一直由这4所大学法学评论的编委会联合修改发行,并且得到了美国法律界的广泛采纳,特别是多数法学评论的编委会都指定它为作者的引注标准。在2000年以前,大多数美国法学院采用《统一注释体系》,要求一年级的法学院学生在法律文书和检索课程中要认真仔细学习如何正确地依此标准引注法律和其他文献。1991年出版的第15版《统一注释体系》,因其封面改用蓝皮,所以改名为《蓝皮书:统一注释

---

① Byron D. Cooers, *Anglo-American Legal Citation: Historical Development and Library Implications* 75 Law Libr. J. 3, 20 (1982).

② Robert Berring, in his *Introduction to The Bluebook: A Sixty-Five Year Retrospective* at vi (Hein 2001).

体系》(The Bluebook: A Uniform Citation System)。此后,《统一注释体系》一直被简称为《蓝皮书》。①

第1版的《统一注释体系》很简单,只有26页,后来不断增加,2010年修订出版的第19版已达511页。自20世纪80年代以来,《蓝皮书》大约每隔5年修订再版一次。

虽然《蓝皮书》中的引注标准在美国的法律界已被广泛接受,但是《蓝皮书》未能解决一些比较独特的文献的引注要求,且《蓝皮书》的引注标准过于复杂,难以运用。所以有些法院和一些法学评论编委会因而开始制定自己的引注标准或在《蓝皮书》中规定的格式基础上引申出自己的引注标准。在20世纪80年代,最著名的挑战《蓝皮书》的引注标准是《芝加哥大学法学引注手册》(The University of Chicago Manual of Legal Citation)(以下简称《芝加哥手册》)。《芝加哥手册》最早是以附录的形式,附在一篇名为"再见吧《蓝皮书》"(Goodbye to the Bluebook)的法学评论文章之后。该文章是由一位美国联邦上诉法院的法官写的,1986年被登在《芝加哥大学法学评论》第53期上[53 U. Chi. L. Rev. 1343 (1986)]。《芝加哥手册》一开始只有15页。后来,经《芝加哥大学法学评论》编委会修改,其篇幅增加到63页,并于1989年由律师合作出版社(Lawyers Co-Operative Publishing Company)出版。②

《芝加哥手册》的引注规则的特点是简短和开放。在引注方面,它仅提供文献数据的基本格式标准。这些标准是属于建议性质而非强制性的,且留给作者依其文章的特殊需要有取舍的空间。一开始,不少美国法律人士对《芝加哥手册》取代《蓝皮书》抱很大希望。但因为《芝加哥手册》太简单,无法提供充分的引注指南,没有得到多少人采用。1989年后,该手册就不再被修订出版了。

20世纪90年代,因电子出版技术的发展,美国又开始了新一轮的法律引注修改运动。1992年,美国司法联合会(U. S. Judicial Con-

---

① Carol M. Bast and Susan Harrell, *Has The Bluebook Met Its Match? The ALWD Citation Manual*, 92 Law Libr. J. 337, 339(2000).

② Id. at 341.

ference)制定了一套电子引注标准,用于引注登在法院电子布告栏(electronic bulletin board)上的判例。1993年,路易斯安那州最高法院制定了一套称为"公众所有的判例引注系统"(Public Domain Citation System For Its Case Law)。同年,威斯康星州律师协会也制定了一套引注标准,以便检索该州官方建立的判例数据库。①

为了满足司法界对修定统一法律引注标准的需要,美国法律图书馆协会(American Association of Law Libraries or AALL)在1994年成立了一个引注格式临时工作小组(Task Force on Citation Formats),研究和制定一套通用的引注系统(Universal Citation System)。后来这个临时工作小组改称为"引注格式委员会"(AALL Citation Formats Committee)。"引注格式委员会"经过了几年的研究和与司法界、出版界、法学界等多方的讨论,于1999年公布了其制定的《通用引注指南》(Universal Citation Guide)小册子,供法律界自愿采用。②

《通用引注指南》仅对如何引注规范性法律文献(即法律、行政法规和判例)提出了引注标准。其最大的特点在于它要求在援引这些法律文献时,不论法律或判例是以何方式(如印刷、电子、网络等)出版,也不论是由谁出版的,只需在引注时,注明法律或判例的名称、发布年份、发布机构、编号、自然段落(Paragraph or ¶)序号即可。例如:

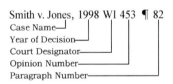

截至2004年,《通用引注指南》已得到了美国16个州法院和联邦第六巡回法院的采纳。③《通用引注指南》虽然还没有被广泛采用,但

---

① AALL Citation Formats Committee, *Universal Citation System* (Version 2.1) ¶4—5 (2002).
② Roy Mersky & Donald Dunn, *Fundamentals of Legal Research* 579—580 (Foundation Press,2002). *See also* "美国法律图书馆协会引注格式委员会网站"(http://www.aallnet.org/committee/citation/)有关文章。
③ *See* http://www.aallnet.org/committee/citation/ (accessed November 17,2004).

它的影响很大。因为它首先提出的用自然段落的序号注明引文的出处,这是新颖的概念,特别是对引注以电子形式出版的文献,具有现实意义,因为电子出版物一般无法注明页码。2002年美国法律图书馆协会引注格式委员会又对《通用引注指南》进行了修订和出版。

2000年,由于《蓝皮书》过于复杂且常有不一致的地方,美国法律写作主任协会在《蓝皮书》的基础上,①发展和出版了自己的一套法律引注标准,名为《法律写作主任协会引注手册:一套专业引注系统》(The ALWD Citation Manual: A Professional System of Citation)(以下简称 ALWD 手册)。ALWD 手册继续保留和采用了《蓝皮书》所建立的一些方便可行的引注标准,对一些较不合理的规则进行了修改,同时引进了一些新的更为一致的引注方式。其中最值得注意的特点有以下三项:

(1)提出了所有法律文书,无论是法学评论文章或者法律实务文书(如诉状),都应采用统一的引注规则(《蓝皮书》规定的用于法学评论文章和法律实务文书的引注标准不同);

(2)简化了《蓝皮书》引文字体的多种要求,只要求采用两种字体即斜体字(italics type)和正体字(regular type);

(3)改变了《蓝皮书》缩写判例名称的强制性要求,由作者自由选择是否缩写以及缩写的方法。②

ALWD 手册不仅在引注的规则和格式上作了很大的改进,而且手册的排版编辑也比较合理,方便使用。虽然目前《蓝皮书》在美国法律文书的引注标准中仍占主导地位,但 ALWD 手册已开始威胁其地位。目前有近百所美国法学院的"法律写作与检索课程"已采用 ALWD 手册。③

---

① 美国法律写作主任协会(Association of Legal Writing Directors, 简称 ALWD)。在美国,所有被美国律师协会认可的法学院都要给一年级的学生开法律写作和检索这门必修课,而教这门课的老师有自己的教研室和教研室主任。美国法律写作主任协会就是由这些主任组成的。

② Carol M. Bast and Susan Harrell, *Has The Bluebook Met Its Match? The ALWD Citation Manual*, 92 Law Libr. J. 337, 350(2000).

③ Roy Mersky & Donald Dunn, *Fundamentals of Legal Research* 579—580 (2002).

从美国的经验看,以下原则值得注意:引注规则不要太苛求;引注格式不可太繁琐,前后要一致;不同的法律文书都应采用同一引注标准;引注手册或指南要简单明了,容易使用;合理使用缩略语。

2. 英国法律引注概况

英国目前有三种比较有权威的法律引注指南,它们是:

(1)《法律引注手册》第一和第二分册,由伦敦大学高级法律研究所制定[Manual of Legal Citations, Part I (Institute of Advanced Legal Studies, University of London, 1959) and Manual of Legal Citations, Part II (The British Commonwealth. Institute of Advanced Legal Studies, University of London, 1960)];

(2)《如何引注法律权威》(Derek French, *How To Cite Legal Authorities*, London: Blackstone Press, 1996);

(3)《牛津法律权威引注标准》(The Oxford Standard for the Citation of Legal Authorities,简称 OSCOLA)是由牛津大学法学院的《英联邦法律杂志》社(Oxford University Commonwealth Law Journal)在与主要法律出版社协商之后制定的(available online at http://denning.law.ox.ac.uk/published/oscola.shtml)。

其中最著名的是 OSCOLA,又称《牛津手册》(Oxford Manual),具有英国的《蓝皮书》之誉。目前最新的版本是 2002 年的修订版。OSCOLA 不仅是《英联邦法律杂志》和牛津大学法学院教员和学生必须遵守的引注标准,也得到了英国法律界的广泛接受。OSCOLA 不仅指导如何引注英国的法律,也指导如何引注主要英联邦的国家(加拿大、澳大利亚、新西南)的法律。OSCOLA 有 3 个版本,一个是详细本,称为 Big OSCOLA,一个是精简本,称为 Little OSCOLA,另一个是用于章后注的版本(OSCOLA-Lite Style for use with endnote)。这 3 个版本都可在牛津大学法学院的网站(http://denning.law.ox.ac.uk/published/oscola.shtml)上找到。

3. 日本法律引注概况

在 1989 年以前,日本并没有统一的法律引注指南,法律文书的引注只能按各个出版社或杂志社制定的引注标准来引注文献。80年代末,日本社会及经济趋于复杂和多样化,面对信息大爆炸,加上没有统一的法律引注,使得法律工作者难以追踪检索法律文书中所引用的原始文献。因此,日本主要法律书籍和杂志出版社的编辑们成立了一个委员会(日文原文为"法律编集者恳话会"),制定统一的法律引注指南,并于1989年编著出版了《法律文献等之引用方法(试案)》,企图对法律领域中的文献引用方式加以统一。后来,该引注方法得到了众多日本法学协会的接受,从而成为日本统一的法律引注指南。该引注方法于1993年和1997年被修订改版过两次,自1998年以来,每年根据法律界的建议更新一次。[①]

观看该引注方法,不难看出其受美国《蓝皮书》的影响很深,例如,和《蓝皮书》一样,(1)将出版年份用括号括起来,放在引注的最后面;(2)将法律名称、主要法律出版物、法律杂志名称简化,制成省略语对照表,列在《法律文献等之引用方法》之后,并要求引用者按该省略语表统一表达,不得自行制定或擅改。例如:

略语	法律名称
河	河川法
会	会计法
会更	会社更生法
会更规	会社更生法施行规则
外为法	外国为替及び外国贸易法
介保	介护保险法
海洋法约	海洋法に关する国际联合条约
觉せい剂	觉せい剂取缔法
确定拠出年金	确定拟出年金法
家审	家事审判法
学教	学校教育法
割赋	割赋贩売法

---

① 摘译自《法律文献等の出典の表示方法》前言。《法律文献等の出典の表示方法》全文登在神户大学法学院的网站上(http://www.law.kobe-u.ac.jp/citation/mokuji.htm).

4. 韩国法律引注概况

韩国的法律界也是到了 2000 年才有统一的引注标准。20 世纪 90 年代末,韩国法学教授协会(韩国法学教授会)开始搜集和研究美国、西欧主要国家及日本的法律引注标准。在借鉴芝加哥大学出版社 1996 年版的《学期报告、论文、学术论文作者手册》(A Manual for Writers of Term Papers, Theses, and Dissertations, 6th edition, published by the University of Chicago Press, 1996) 与 1996 年第 16 版的《蓝皮书》,由一位教授起草了韩国第一部《论文的写作和文献引用统一标准》。该标准于 2000 年提交给韩国法学教授协会大会讨论,经过大会评议和修改,得到与会者一致通过与采纳。[①]

韩国的《论文的写作和文献引用统一标准》比日本的《法律文献等之引用方法》更全面地规定了法律论文的写作格式和引注的标准。韩国的标准首先对法律论文的写作格式作了很详细的规定。同时,对合理引用和抄袭剽窃的范围订立界线。然后,对引注制定了一系列标准。

韩国的引注标准不仅包括用韩文写作时如何引注韩文、外文和国际法资料,而且列举了用英文写作时如何引注韩文资料。在外文资料的引注规则里,对美国、英国、德国、法国、日本作了比较详细的规定。在国际资料的引注规则里,对国际法院、欧盟法院、其他主要国际法院和仲裁机构的判例、联合国、欧盟、国际贸易组织等主要国际组织文件作了规定,最后,还规定了韩文罗马化的规则并将主要韩文报纸、法律杂志、法律论文集、法院判决书集和法律汇编的罗马化和英文翻译名列出对照表,以便作者使用。

---

① 参见韩国法学教授协会,《论文的协作和文献引用统一标准》(「論文作成및文献引用에관한標準案」)"刊行辞"的介绍。